edition suhrkamp

Redaktion: Günther Busch

Bertolt Brecht, geboren 1898 in Augsburg, starb am 14. August 1956 in Berlin.

Dieser Band trägt den Titel eines Vortrags, den Brecht 1939 in Stockholm gehalten hat. Er versammelt Aufsätze aus allen Arbeitsperioden Brechts, die seine »Versuche« über das Theater und auf dem Theater als Experimente ausweisen, mit künstlerischen Mitteln Impulse für eine Veränderung der Gesellschaft zu geben und neue künstlerische Mittel für neue Zwecke zu finden.

Bertolt Brecht
Über experimentelles Theater

Herausgegeben von Werner Hecht

Suhrkamp Verlag

edition suhrkamp 377
4. Auflage, 15.–16. Tausend 1982
© Suhrkamp Verlag, Frankfurt am Main. Zusammengestellt für die edition suhrkamp. Printed in Germany. Alle Rechte vorbehalten, insbesondere das der Übersetzung, des öffentlichen Vortrags, der Übertragung durch Rundfunk und Fernsehen, auch einzelner Teile. Satz und Druck in Linotype Garamond. Druck: Nomos Baden-Baden. Gesamtausstattung Willy Fleckhaus.

Bertolt Brecht
Über experimentelles Theater

Das Theater als sportliche Anstalt

Es ist wahr, daß ich im Theater, wenn ich schon hineingehe, keinen rechten Spaß habe, aber ich möchte nicht sagen, daß es schlecht ist. Es arbeiten auch viele sehr ernsthafte Leute dafür, und viele Leute, die tagsüber mit viel ernsthafteren Dingen beschäftigt sind, geben sich alle Mühe, an den richtigen Stellen zu klatschen und die gleiche Meinung zu haben wie ihre Zeitungen – eine Meinung, die nicht immer klug, aber meistens pflichtbewußt und von hoher Warte aus gefaßt ist. Ich glaube nur: Ich habe keinen rechten Spaß im Theater, wie diese Leute alle einen falschen Begriff vom Theater haben.

Es ist eine unserer eigentümlichsten Krankheiten, daß wir, wenn wir einmal erkannt haben, daß etwas so oder so gut wäre, alle erdenklichen Torheiten begehen, um es so oder so zu machen, auch wenn etwas ganz anderes herauskommt: Und das ganz andere halten wir dann, nur weil es das Beste ist, was wir leisten können, und weil es auch das Beste ist, was wir wollen können, für das ganz Gute, was wir angestrebt haben. Das ist eine unserer eigentümlichsten Krankheiten, sie kommt überall vor bei uns.

Unsere neuen Besserer, die die Herrschaft über das (literarische) Theater in die Hände bekamen, nicht weil sie besser als die vor ihnen, sondern weil sie neu waren, haben das Theater aus einem Hörsaal für Biologie oder Psychologie in einen Tempel umbauen wollen. Sie bauten Kanzeln und schlugen rote Plakate an, man solle in die Tempel kommen, sie seien eben im Tempel. Und dann kamen die guten Leute aus ihren Geschäften, ihren Kämpfen um Eier, Geliebte und Ehren, in ihren besten Anzügen, und dann standen sie selber auf den Kanzeln und schrien, der Mensch müsse sich erneuern, gut sei gut, Tyrannei äußerst unangenehm, dazu verabscheuungswürdig, und einige von ihnen stachen sich mit Messern durch die Arme oder verschluckten Frösche oder spien Feuer oder balancierten 800 Elefanten oder zeigten ihre Krampfadern. Und die Leute unten verhielten sich ruhig und würdig, denn sie verstanden zum Glück wenigstens die Sprache der Neuerer nicht genau und sperrten die Mäuler auf, daß man hinab-

sehen konnte bis in ihre Mägen, und da war nichts drinnen.
Dann aber, als die Leute wußten, daß Tyrannei unangenehm,
dazu verabscheuungswürdig und gut sei, gingen sie beruhigt
fort und kamen nie mehr.

Und doch befanden sie sich nur in einem Irrtum. Ganz dieselben Leute, die da Feuer spien und sich stachen, hätten sie
ganz wunderbar unterhalten, wenn sie woanders aufgetreten
wären, nämlich im Zirkus.

Ganz dieselben Leute wie die, welche weggingen, hätten dort
die Röcke ausgezogen und Wetten abgeschlossen und mitge-
pfiffen und sich ganz wundervoll gut unterhalten.

Aber das konnten sie nicht in der Kirche.

In der Kirche haben wir keinen Spaß an so was.

Die Leute, die die Plakate entwarfen (und dabei ging schon
viel zuviel Genie drauf!), hatten die richtige Erkenntnis, daß
in die Kirche ein andrer Betrieb hineinkommen müsse, aber
ihr Betrieb, das war nicht der richtige. Und daß es gut ist, erschüttert zu werden von seelischen Einsichten und zum Bruder zu werden (obwohl das kein Beruf ist, Bruder, nicht
wahr!?); aber, nicht wahr, ohne die seelischen Einsichten
ging es nicht, und die konnten sie nicht verschaffen. Also: es
ist nichts mit der Tempelidee!

Also, ich schlage vor, ihr seht es ein und druckt neue Plakate!
Ihr ladet die Leute in den Zirkus ein! Und da dürfen sie in
Hemdärmeln dasitzen und Wetten abschließen. Und sie müs-
sen nicht auf seelische Erschütterungen lauern und mit den
Zeitungen übereinstimmen, sondern sie schauen zu, wie es mit
einem Mann gut geht oder abwärts, wie er unterdrückt wird
oder wie er Triumphe feiert, und sie erinnern sich an ihre
Kämpfe vom Vormittag [...]

1920 fragmentarisch

Aus einer Dramaturgie

1

Krieche in deinen Mann hinein und mache dir's bequem drinnen. Versuche, ob du seine Haut spüren kannst und wie sie sich benimmt gegen die Unterschiede der Luft. Probiere sein Darmsystem, und sieh nach, was sein Herz aushält. Auch mußt du ihn anstrengen und dann auf das Herz aufpassen. Laß seine Stimme trompeten, und vergiß nicht den Flüsterton! Iß mit ihm, klatsche seinen kleinen Gedanken Beifall, schaue aus seinen Augen heraus! Wenn er Bier trinken soll in deinem Stück, mußt du wissen, wie er Eier ißt und Zeitung liest, wie er bei seiner Frau schläft und wie er in die Grube fährt. Du mußt ihm gewogen sein wie er selbst, und deine Ansichten über seine Ansichten sind erst in zweiter Linie wichtig. Jedenfalls gehören sie nicht in die Charakteristik!

2

Wenn er spricht: Untersuche die Worte, die sie gegeneinander spucken. Sieh nach, ob Blutklümpchen drinnen sind! Das ist bei manchen meiner Dialoge so schauerlich, daß sich zwei immerfort anspucken, mit dünnen Würfen, aber es sind Blutklümpchen drinnen, von ihrem Blut, sie sterben daran. Auch muß man wie ein Sportschiedsrichter immer auswägen, wer den Vorsprung hat, und scharf aufpassen, daß keiner mogelt, ohne daß man es merkt. Die Argumente aber müssen aus dem täglichen Leben der Kämpfer genommen werden, und niemals darf einer Klügeres sagen, als sein sonstiger Verstand zuläßt. Der innere Ausgang eines Zweikampfes darf niemals vorausbestimmt sein, der äußere muß es, der Fabel wegen. Die Worte sind die Kinder der Gehirne: Sie sind lebensfähig oder kränklich oder gar nur dekorative Puppen.

3

Das wichtigste Gesetz für den Dichter ist, daß er innerhalb seines Stoffes die Merkwürdigkeiten herausfindet (die sonst Fehler von ihm sind). Auf je mehr Wunder er den Zuschauer hinweist, desto reicher ist sein Werk. In einer lieblichbleichen Szene ein Orchestrion spielen zu lassen, ist ein Fehler, wenn es kein Clou ist. Die Unbegreiflichkeiten des Lebens und die Unüberlegtheiten des Schicksals werden deshalb nicht von den Menschen als Fehler durchschaut, weil sie von Gott als Clous in Szene gesetzt werden und wir eher versuchen, ihnen einen Sinn beizulegen, als ihren Unsinn zu entlarven. Kommt ein Mann auf die Bühne, der nicht kommen *kann*, kann es statt eines Fehlers ein Effekt werden, falls sich der Dichter nicht feig darüber ausschweigt, warum er *doch* kommt oder wenigstens: wie merkwürdig er (und wir alle) es findet (und finden), daß der Mann kommt. Kühnheit ist besser als Findigkeit, stummes Staunen besser als Ausreden.

4

Die Farbe einer Szene muß durch das Wort hervorgebracht werden. Ist die Szene bleich, dann darf kein Satz rotbäckig sein, ohne aufzufallen. Es gibt andere Verschärfungen genug. Jede Skala hat ihre äußersten Steigerungen in sich selbst, Kraft und Schwäche gibt es auf einer Linie. Natürlich paßt jedes Wort in jede Szene, aber die Wirkung, die dadurch entsteht, daß es sich an sich im Widerspruch mit der Gesamtfarbe befindet, muß vollauf berücksichtigt werden, und man muß gerade sie für die Herausarbeitung des Gesamteindrucks verwenden. Unter Wörtern und Wortfamilien gibt es Feindschaften wie unter andern Lebewesen. Die Szene eines Stückes wird um so interessanter, je mehr Feindseligkeit darinnen latent verborgen liegt. Aber der Dichter muß die Gedanken seiner Worte kennen und ihre Gefühle.

5

Die Führung der Fabel ist eine Sache der Politik. Sie beruht
in der Balance der Kompromisse. Ist die Richtung der Ge-
schehnisse im allgemeinen übersichtlich und vorausbestimm-
bar, was kommt, ist Klarheit (sofern der Clou des Stückes in
der Handlung besteht) eher schädlich. Geschieht jedoch Un-
vermutetes, muß zuvor absolute Klarheit herrschen über das
Gegenwärtige wie die Folgen des erregenden Momentes. Absolute Klarheit wie völlige Regelmäßigkeit zerstören die Lust
am Beschauen. Das Vergnügen am Rätselraten hängt mit dem
Element der Ästhetik, der »Be-Wunderung« innig zusammen.

6

Unerläßlich für künstlerische Wirkung ist die Ruhe des Ma-
terials. Rein äußerlich gesprochen: Eine erregte [Person], deren einzelne Sätze ohne Vorgänger und Nachfolger nicht leben können, wird wie eine aufgeregte Person eine (völlig
grundlose) Erregung des Zuschauers hervorbringen, aber
Nervosität stört jeden Genuß, ist also verwerflich. Das Wort
selbst darf nie erregt sein.

1920

An den Herrn im Parkett

Ich denke mir, Sie wollen für Ihr Geld bei mir etwas vom Leben sehen. Sie wollen die Menschen dieses Jahrhunderts in Sicht kriegen, hauptsächlich ihre Phänomene, deren Maßregeln gegen ihre Nebenmenschen, ihre Aussprüche in den Stunden der Gefahr, ihre Ansichten und ihre Späße. Sie wollen teilnehmen an ihrem Aufstieg, und Sie wollen Ihren Profit haben von ihrem Untergang. Und natürlich wollen Sie auch guten Sport haben. Als *Menschen dieser Zeit* haben Sie das Bedürfnis, Ihre Kombinationsgabe spielen zu lassen, und sind steif und fest gesonnen, Ihr Organisationstalent gegenüber dem Leben, nicht minder auch meinem Bild davon, Triumphe feiern zu lassen. Deshalb waren Sie auch für das Stück »Dickicht«. Ich wußte, Sie wollen ruhig unten sitzen und Ihr Urteil über die Welt abgeben sowie Ihre Menschenkenntnis dadurch kontrollieren, daß Sie auf diesen oder jenen der Leute oben setzten. Sie waren erfreut, daß das kalte Chicago so angenehm anzusehen ist, denn es gehört durchaus zu unserem Plan, daß die Welt angenehm sei. Sie legen Wert darauf, an gewissen *sinnlosen* Begeisterungs- und Entmutigungsgefühlen beteiligt zu werden, die zum Spaß am Leben gehören. Alles in allem habe ich mein Augenmerk darauf zu richten, daß in meinem Theater ihr Appetit gekräftigt wird. Sollte ich es so weit bringen, daß Sie Lust bekommen, eine Zigarre zu rauchen, und mich selbst dadurch übertreffen, daß Sie Ihnen an bestimmten, von mir vorgesehenen Punkten ausgeht, werden ich und Sie mit mir zufrieden sein. Was von allem immer die Hauptsache bleibt.

1925

Mehr guten Sport

Unsere Hoffnung gründet sich auf das Sportpublikum.

Unser Auge schielt, verbergen wir es nicht, nach diesen unge-
heueren Zementtöpfen, gefüllt mit 15 000 Menschen aller
Klassen und Gesichtsschnitte, dem klügsten und fairsten Publikum der Welt. Hier finden Sie die 15 000 Leute, die die
großen Preise bezahlen und auf ihre Rechnung kommen, auf
Grund einer gesunden Regelung von Angebot und Nachfrage.
Sie können kein faires Verhalten erwarten auf absteigenden
Ästen. Die Verderbtheit unseres Theaterpublikums rührt daher, daß weder Theater noch Publikum eine Vorstellung davon haben, was hier vor sich gehen soll. In den Sportpalästen
wissen die Leute, wenn sie ihre Billette einkaufen, genau, was
sich begeben wird; und genau das begibt sich dann, wenn sie auf
ihren Plätzen sitzen: nämlich, daß trainierte Leute mit fein-
stem Verantwortungsgefühl, aber doch so, daß man glauben
muß, sie machten es hauptsächlich zu ihrem eigenen Spaß, in der
ihnen angenehmsten Weise ihre besonderen Kräfte entfalten.
Das alte Theater hingegen hat heute kein Gesicht mehr.
Es ist nicht einzusehen, warum das Theater nicht auch seinen
»guten Sport« haben sollte. Wenn man die für Theater-
zwecke gebauten Häuser, die ja nun einmal stehen und Zin-
sen fressen, nur einfach als mehr oder minder leerstehende
Räume ansehen würde, in denen man »guten Sport« machen
kann, würde man zweifellos auch aus ihnen etwas herausholen können, was einem Publikum, das wirklich heute heutiges Geld verdient und heute heutiges Rindfleisch ißt, etwas
geben kann.
Man könnte natürlich sagen, daß es auch noch Publikum
gäbe, das im Theater was anderes als »Sport« wolle. Wir haben aber einfach in keinem einzigen Falle bemerkt, daß das
Publikum, das heute die Theater füllt, *irgend etwas will*. Das
sanfte Widerstreben des Publikums, seine alten, vom Groß-
vater vererbten Theatersitze aufzugeben, sollte man nicht zu
einer frischen Willenskundgebung umschminken wollen.
Man ist gewohnt, von uns zu verlangen, daß wir nicht ausschließlich nach der Nachfrage produzieren. Aber ich glaube

doch, daß ein Künstler, selbst wenn er in der berüchtigten Dachkammer unter Ausschluß der Öffentlichkeit für kommende Geschlechter arbeitet, ohne daß er Wind in seinen Segeln hat, nichts zustande bringen kann. Und dieser Wind muß eben derjenige sein, der zu seiner Zeit gerade weht, also kein zukünftiger Wind. Es ist keineswegs ausgemacht, zu welcher Fahrtrichtung man diesen Wind benutzt (wenn man Wind hat, kann man bekanntlich auch gegen den Wind segeln, nur ohne Wind oder mit dem Wind von morgen kann man niemals segeln), und es ist durchaus wahrscheinlich, daß ein Künstler noch lange nicht seine Maximalwirkung heute erzielt, wenn er mit heutigem Wind segelt. Es wäre ganz falsch, wenn man etwa aus der heutigen Wirkung irgendeines Theaterstückes seinen Kontakt oder Nichtkontakt beweisen wollte. Ganz etwas anderes ist es mit den Theatern.

Ein Theater ohne Kontakt mit dem Publikum ist ein Nonsens. Unser Theater ist also ein Nonsens. Daß das Theater heute noch keinen Kontakt mit dem Publikum hat, das kommt daher, daß es nicht weiß, was man von ihm will. Das, was es einmal gekonnt hat, kann es nicht mehr, und wenn es das noch könnte, würde man es nicht mehr wollen. Aber das Theater macht immer noch unentwegt, was es nicht mehr kann und was man nicht mehr will. In den ganzen gut heizbaren, hübsch beleuchteten, eine Menge Geld verschlingenden, imposant aussehenden Häusern und in dem ganzen Zeug, das drinnen angestellt wird, ist nicht mehr für fünf Pfennige *Spaß.* Kein Theater heute könnte einige Leute, die im Geruch stehen, Spaß darin zu finden, Stücke anzufertigen, einladen, eine seiner Vorstellungen anzusehen in der Erwartung, daß diese Leute dann ein Verlangen spürten, für dieses Theater ein Stück zu schreiben. Sie sehen gleich: Es ist hier auf keine Weise *Spaß* herauszuholen. Es geht hier kein Wind in kein Segel. Es gibt hier keinen »guten Sport«.

Nehmen Sie zum Beispiel den Schauspieler. Ich will nicht sagen, daß wir weniger Talente hätten, als andere Zeiten wohl gehabt haben, aber ich glaube nicht, daß es jemals eine so abgehetzte, mißbrauchte, von Angst getriebene, künstlich aufgepeitschte Truppe von Schauspielern gab wie die unsere. *Und kein Mann, dem seine Sache nicht Spaß macht, darf erwarten, daß sie irgend sonst jemandem Spaß macht.*

Natürlich, die Leute oben schieben es auf die Leute unten, und am liebsten wird gegen die harmlosen Dachkammern vorgegangen. Die Volkswut richtet sich gegen die Dachkammern: die Stücke sind nichts. Dazu ist zu erwähnen, daß sie, falls sie zum Beispiel nur einfach mit Spaß geschrieben wurden, schon besser sein müssen als das Theater, das sie aufführt, und das Publikum, das sie betrachtet. Sie können einfach kein Theaterstück mehr erkennen, wenn es durch diese Fleischmühle gegangen ist. Wenn wir kommen und sagen: »Das haben sowohl wir als das Publikum uns anders gedacht, wir sind zum Beispiel für Eleganz, Leichtigkeit, Trockenheit, Gegenständlichkeit«, dann sagt das Theater naiv: »Die von Ihnen bevorzugten Leidenschaften, lieber Herr, wohnen in keines Smokings Brust.« Als ob man nicht auch einen »Vatermord« elegant, sachlich, sozusagen in klassisch vollendeter Weise begehen könnte!

Aber statt wirklichen Könnens wird unter der Vortäuschung von Intensität einfacher Krampf geboten. Sie können keine besonderen, also sehenswerte Angelegenheiten mehr auf die Bühne bringen. Der Schauspieler ist von Anfang an, in dem dunklen Drang, sein Publikum nicht weglaufen zu lassen, in einem solchen unnatürlichen Schwung, daß es aussieht, als sei es die gewöhnlichste Sache von der Welt, seinem Vater nahezutreten. Gleichzeitig sieht man aber, daß ihn das Theaterspielen ungeheuer mitnimmt. *Und ein Mann, der sich auf der Bühne anstrengt, strengt, wenn er nur einigermaßen gut ist, auch alle Leute im Parkett an.*

Ich teile nicht die Ansicht jener Leute, die klagen, den rapiden Untergang des Abendlandes fast nicht mehr aufhalten zu können. Ich glaube, daß es eine solche Menge von Stoffen, die sehenswert, Typen, die der Bewunderung würdig sind, und Erkenntnissen, die zu erfahren sich lohnt, gibt, daß man, wenn nur ein guter Sportgeist anhebt, Theater bauen müßte, wenn nicht welche da wären. Aber das Hoffnungsvollste, was es an den heutigen Theatern gibt, sind die Leute, die das Theater vorn und hinten nach der Vorstellung verlassen: sie sind mißvergnügt.

1926

Die Sucht nach Neuem

Das Publikum gewährt keine Kontrolle. Es ist, soziologisch gesehen, völlig amorph, ästhetisch aber erstaunlich einhellig. Das heißt, im Theater etwa kommen die natürlichen Gegensätze überhaupt nicht zu Wort, sie sind ausgeschaltet. Der neue Zuschauertyp, den die neue Dramatik erfordert, ist natürlich kein utopischer, er ist vorhanden, wenn auch bisher nicht im Theater. Im Theater wird, mit anderen Worten, der Mensch von heute zum Fossil, ein Dummkopf und abergläubischer Bursche, der seine eigenen Interessen nicht von denen seiner Gegner unterscheiden kann und darin einwilligt, in einen ihm fremden und keinem wirklichen Menschen mehr eigenen Jargon zu fühlen. Das Theater einigt die Klassen, Generationen und Geister dadurch, daß es jeden Ernst einfach opfert und nichts mehr berührt, was an wahrhaftigen Interessen vorhanden ist. Es ist nichts Befremdendes in der Forderung der neuen Dramatik nach einem neuen Zuschauer, wenn anders man nicht eben unsere ganze Situation befremdend finden will des Umstandes wegen, daß sie eine Ursituation ist: Die Grundfragen müssen neu gestellt werden. Saßen jemals etwa sechs Troglodyten auf einem Ast und fragten: »Wo bleibt das Kunstwerk?« Eher doch war es einer von ihnen, der eines Tages sagte: »Hier ist es«, und sich Zuschauer suchte. Die Frage unserer Mitmenschen nach Neuem ist eine trügerische Sache. Hier bittet das Radio um Stoff, die Oper möchte bei der Belieferung nicht vergessen werden, der Film brüllt um Berücksichtigung: höchstens Beweise, daß das Alte nicht mehr sättigt, nicht einmal mehr die alten Leute, die korrumpierten, durch Enttäuschungen verstummten, künstlich an Unterernährung gewöhnten Gewohnheitsabnehmer. In Wirklichkeit liegt da ein ungeheurer Haufen von Produktionsmitteln, der Abnehmer organisiert, aber keine Lieferanten mehr hat. Diese Haufen darf man nicht beliefern, man darf, soll der Kunst noch eine Chance bleiben, nicht einmal mehr an sie denken. Ihre Frage nach etwas Neuem ist nicht zu beantworten, sie wollen nichts Neues, sondern lediglich das Alte von neuem. Sie führen mit ihren Bestellungen völlig irre, sie sind nicht die Künder neuer Appetite, sondern alter Übersättigung.

[Materialwert]

1 Zufriedenheit

Es ist ein großes allseitiges Interesse dafür vorhanden, daß
nichts direkt Neues gemacht wird. Dieses Interesse herrscht
auf allen Gebieten und ist dasjenige der Leute, die sich bei
den alten Dingen und Verläufen wohl fühlen. Es ist verständlich, daß bei jenen, die etwas Altes nicht mehr haben
wollen, die Meinung vorherrscht, ihr schlimmster Anblick
seien jene, die sich wohl fühlen.

2 Der Materialwert

Da die alten Römer des Schreibens kundig waren, die alten
Vandalen aber nicht, gibt es über die Unternehmungen der
letzteren ausschließlich römische Berichte. Wenn man nach
diesen geht, kommt man zu der Ansicht, diese Vandalen wären von einem ungeheuren ästhetischen Fanatismus erfüllt gewesen. Sie hätten gegen eine bestimmte Kunstrichtung oppo-
niert oder zumindest gegen Kunst im allgemeinen eine
unüberwindliche Abneigung verspürt. Ich glaube nicht, daß
das so gewesen ist. Meiner Ansicht nach war es im schlimmsten
Fall Übermut. Teilweise aber nahmen sie die alten Dinge
hauptsächlich als Material. Holz zum Beispiel gibt Feuer; für
das Geschnitzte daran hatten sie keine Augen. (Der Kunst-
verstand, der bei den Deutschen etwa dazu nötig war, für
eine Beschießung die Kathedrale von Reims herauszufinden,
ging jenen Leuten bestimmt ab.) Ich will mit dem Obigen
sagen, daß die Vandalen sich gegen die alten Kulturgüter
lediglich schnoddrig benahmen.
Es mag in einem höheren Sinn gegen uns sprechen (wie wir
überhaupt von höherer Warte zunächst schlecht abschneiden),
daß wir den Vandalismus nicht vom ethischen Standpunkt
aus beurteilen, sondern daß wir lediglich daraus eine Lehre
ziehen wollen. Sie ist: daß man nur durch Schnoddrigkeit
zum Materialwert einer Sache kommen kann.

Werden wir endlich deutlicher und bleiben wir unangenehm! Ich habe neulich mit drei Worten Hebbels Monumentalwerk »Herodes und Mariamne« zum alten Gerümpel geworfen. (Selbstverständlich hat altes Gerümpel auf mich eine große Anziehungskraft. Eine auseinandergenommene, teilweise vernichtete Droschke ist mir viel lieber, weil sie Material ist.) Unmittelbar [danach] hat in einer literarischen Zeitschrift jemand sorgfältig literarische Argumente gegen Hebbel in würdiger Form ins Feld geführt. Ich möchte betonen, daß das in seriöser Weise geschah und daß der Mann erschossen werden müßte. Ich selber wollte längst einmal »Herodes und Mariamne« aufführen. Selbstverständlich dachte ich dabei nur an den reinen Materialwert, also etwa die grobe Handlung, übrigens wahrscheinlich ohne die des letzten Aktes. Meine Schnoddrigkeit kam von dieser meiner positiven Einstellung. Es ist völlig gleichgültig und nützt niemandem, wenn über den gleichgültigen Friedrich Hebbel die nächsten fünfzig Jahre eine andere Ansicht herrscht als die vorigen fünfzig Jahre. Wichtig dagegen ist höchstens, daß eine gewisse schädliche Ehrfurcht, eine rücksichtslose und brutale Pietät das Publikum hindert, sich den Materialwert seiner doch nun schon einmal gemachten Arbeiten zunutze zu machen. Das Stück »Wallenstein« zum Beispiel, um auch an einigen bisher unberührten Lesern nicht spurlos vorüberzugehen, enthält neben seiner Brauchbarkeit für Museumszwecke auch noch einen gar nicht geringen Materialwert; die historische Handlung ist nicht übel eingeteilt, der Text auf ganze Strecken hinaus, richtig zusammengestrichen und mit anderem Sinn versehen, schließlich verwendbar. Ähnlich ist es mit »Faust«. Wie soll man denn ein Repertoire aufbauen können, wenn man diese Sachen durch Argumente zerstört und als Ganzes ablehnt? Andrerseits, wie kommen wir dazu, diese für andere Theater geschriebenen und mit uns unbekannten Argumenten verteidigbaren, aber sicher talentvollen Monumente vergangener Kunstanschauungen, jede Verantwortung vor unseren Zeitgenossen schlicht ablehnend, einfach wie Katzen in Säcken zu übernehmen?

Übrigens hat das Bürgertum, das so vielseitige Verpflichtungen übernommen hat, daß es meist eines sehr sicheren Griffes bedarf, um die seinen Taten entsprechenden jeweiligen Ansichten herauszufischen, in der Praxis dieses Vandalentum jederzeit gedeckt. Der von der Presse gefeierte Anführer des derzeitigen Vandalentums auf dem Theater ist der Regisseur L. Jessner. Durch wohlüberlegte Amputationen und effektvolle Kombinationen mehrerer Szenen gibt er klassischen Werken oder wenigstens ihren Teilen, deren alten Sinn das Theater nicht mehr herausbringt, einen neuen Sinn. Er hält sich dabei also an den Materialwert der Stücke. Die Besitzfrage, die in der Bourgeoisie, sogar was geistige Dinge betrifft, eine (überaus komische) Rolle spielt, wird in dem erwähnten Fall dadurch geregelt, daß das Stück dann durch den genetivus possessivus jenem zugesprochen wird, der die Verantwortung als Gegenleistung für das Prädikat »kühn« gern übernommen hat. So wird Goethes »Faust« zu Jessners »Faust«, und dies entspricht etwa in moralischer Beziehung dem literarischen Plagiat. Denn wenn man schon nicht wahrhaben will, daß zu den Inszenierungen unserer besten deutschen Bühne in der Art eines Plagiats Stellen aus unseren Klassikern verwendet werden, so ist natürlich auch das Heraushacken von organischen Teilen aus Dichtungen, bürgerlich betrachtet, ein Raub, [ganz gleich], ob die herausgehackten oder die übriggebliebenen Teile verwendet werden. Diese unbedenkliche praktische Anwendung eines neuen kollektivistischen Besitzbegriffs ist einer der wenigen, aber entschiedenen Vorzüge, die das bürgerliche Theater seiner Literatur voraushat. (Über die unbestreitbaren Verdienste auf dem Gebiet des Plagiats einiger Schriftsteller möchte ich am liebsten erst reden, wenn meine eigenen etwas bedeutender geworden sein werden.)

Weniger Gips!!!

Wir Deutschen sind im Ertragen von Langeweile ungemein
stark und äußerst abgehärtet gegen Humorlosigkeit. Natürlich kommt ein ausgesprochener Sinn für Mittelmäßiges dem
deutschen Theater sehr zugute. Ein Theater ist ein Unternehmen, das Abendunterhaltung verkauft. Aber damit ist im
Grund niemand zufrieden bei uns. Es gibt eine Reihe von
Dingen, die höher gewertet werden als eine Unterhaltung.
Was das Theater betrifft, so besorgt es die einfache Unterhaltung bei uns durchaus anständig und ausreichend, das
mittlere Genre ist weitaus am besten bestellt, aber was wirklich ernst genommen werden will und soll, das ist die Unterhaltung mit monumentalem Einschlag. Für fünf Mark kann
man heute noch in jeder Stadt mit mehr als 50 000 Einwoh-
nern genügend Monumentalitäten kaufen.
Es ist ein wirkliches Bedürfnis, und man muß es befriedigen.
Es sind sehr wenige Bedürfnisse vorhanden, und die wenigen
muß man natürlich wie rohe Eier behandeln. Aber es ist sehr
schwierig, Monumentalitäten herzustellen. Ich spreche davon,
weil der monumentale Stil heute tatsächlich der einzige ist,
der ernst genommen wird, obgleich viele andere, also besonders das mittlere Genre, in der Ausführung viel besser sind.
In diesem mittleren Genre, also der Operette, der Gesell-
schaftskomödie, den Starstücken, wird scharf gearbeitet, es ist
ein internationales Gewerbe, das beim Publikum einzig und
allein auf die Qualität seiner Ausführung angewiesen ist,
und es gibt hier auch einen internationalen Stil, den man in
der Berliner Aufführung des Stückes »Die Gefangene« und in
der Hollywooder Inszenierung des Filmes »Die Großfürstin
und ihr Kellner«, in Reinhardts »Regen« und in Kings
»Sterne im Spiegel des Sumpfes« sieht. Das monumentale
Genre aber wird vielleicht gerade deshalb, weil es vom Publikum viel ernster genommen wird, von seinen Herstellern viel
leichter genommen und ist viel schlechter. Sie verlassen sich
(übrigens mit Erfolg) völlig auf die Ideologie und die ver-
heerenden Folgen der Mittelschulbildung und verwenden zur
Herstellung hübsch großer Monumentalitäten tüchtig Gips.

Es ist verständlich, daß das Publikum, wenn es sich in dem Stück »Macbeth« die Beseitigung eines Duodezkönigs ansehen soll, verlangt, dabei die gleiche Großzügigkeit wahrzunehmen, die es aus der Zeitung in der Behandlung der großen Existenzkämpfe in den Menschenzentralen der alten und neuen Welt gewohnt ist. Aber die gewünschte Monumentalität entsteht nicht durch die Weglassung von kleinen Zügen, die die Zeitung allein lesbar machen, sondern eher etwa in ihrer Auswahl nach Typischem. Es nützt nichts, wenn man zwischen Macbeth und seine Frau eine Entfernung von sieben Metern legt und ihnen Megaphone einhändigt. Es ist verspätet, sich zu einer Zeit auf den kostspieligen Bau von Sprachbögen zu verlegen, wo die internationalen Sprecher alle Mittel der psychologischen Beredsamkeit untereinander austauschen: Die Lamentationen des dritten Richard, die Lamentationen des Wallenstein auf deklamatorische Art verpuffen in Jahren, die Lloyd Georges Rede vom letzten Penny gehört haben. *Auf dem dreimal gestuften blutroten Tribunal dieser übermenschlichen Aktionen macht sich die Harmlosigkeit breit.* Während das Getriebe der Zeit ausschließlich auf einer Gefährlichkeit steht, von der man in jedem mittleren amerikanischen Film genug abbekommt, während der Sport die *Gefahr* schon der Passion der Liebhaber überantwortet, ist gerade das monumentale Theater heute *einfach harmlos.*

Es ist gar nicht leicht, unter der Überfülle von Beispielen das richtige herauszuwählen. Man darf natürlich nicht die freundlichen Versuche der kleineren Leute das ganze Genre büßen lassen. Über die Monumentalisierung meines schönen Stückes »Leben Eduards des Zweiten von England« nil nisi bene; angebracht ist es, etwa über »Hannibal« zu sprechen.

Wenn man diesem Stücke beigewohnt hat, dann hat man als Essenz etwa die bourgeoise Gerührtheit darüber, daß ein Berufssoldat (nicht ohne Denkerstirn) immerfort Krieg führen muß und ihn dann auch noch verliert. Man sieht es natürlich immer wieder gerührt: Das Größte, wo der Soldat hat, ist die Fahne. Es ist nicht gut, sich über etwas lustig zu machen, worüber andere Leute sich ernst machen, aber wenn der gute alte Hannibal etwa den Tod (heute schon weiteren Kreisen als absolut wichtige biologische Erscheinung bekannt) mit Salutieren durch Hand-an-die-Mütze-Legen empfängt, so ist das auch nicht *viel* anders, als wenn S. M. verlangte, daß die Mannschaften untergehender Schiffe mit einem »Hipp, hipp, hurra – Seine Majestät!« das Wasser schluckten, auf dem S. M.'s Zukunft lag. *Es ist harmlos.* Es ist Weltanschauung als Kunstgewerbe, und es ist nicht monumental.

Bei der ganzen Sache ist das Schlimmste etwas Praktisches: Der Schauspieler verkommt. Die Gipsverbände, die er andauernd bekommt, sind höchst ungesund. Mit einem geschienten Bein kann man keinen natürlichen Gang zuwege bringen, und es ist für einen Mann von 1,50 m Größe auf die Dauer nicht zuträglich, sich so emporzurecken, daß er ein Größenminimum von 3 m hält. Mit dem absolut falschen Ton am Leibe, der durch beständige krankhafte Steigerung gezüchtet wird, kann er weder intime Vorgänge noch monumentale Vorgänge zuwege bringen. Er wird in der Tat immer ungeeigneter, die großen und wirklich monumentalen Stoffe bewältigen zu können. Ich glaube nicht, daß sich irgend jemand besonders [...] des schöpferischen Nachwuchses der Provinz annehmen kann, ohne zuvor die Gefahr dieses Gipses erkannt zu haben. Es wird immer so sein, daß die jungen Leute, denen Theaterspielen Spaß macht, damit anfangen, die letzten Dinge darstellen zu wollen und lieber auf der Bühne sterben als ein Glas Wasser über die Bühne tragen wollen. Aber sie werden weder das eine noch das andere lernen, wenn das Minimum der Fahrgeschwindigkeit 80 km/h beträgt und das erste, was von ihnen verlangt wird, Intensität ist. In der ganzen Provinz beginnen die Arrangierproben nicht damit, daß die Schauspieler sich über die Vorgänge, die sie darzustellen haben, zu orientieren suchen, sondern damit, daß sie sich (geistig) einen ansaufen. Im weiteren Verlauf der Proben wird dann ausschließlich gesteigert. Dieser heranwachsende Typus Schauspieler besitzt nichts, was ihn sehenswert macht. Mit so wenig Menschenkenntnis wie diese Jungens Theater spielen, können sie keine Partie Poker spielen, mit so geringer Kühnheit keine Partie Coon-can. Ihre einzige Kühnheit ist es, daß sie vor das Publikum treten, und dies dünkt ihnen selber so tollkühn, daß sie mit nicht weniger klopfendem Herzen in eine Aufführung gehen als Richard III. in eine Schlacht. Sie können Richards Herzklopfen nicht mehr begreifen.

Es ist vielleicht frivol, unsere letzte Aussicht auf eine Art Glauben daran anzusägen, daß etwas Kühneres möglich sein müßte, etwas Radikales, Scharfes, Angenehmes. Denn noch erzählen wir uns im Theater der Internationale der Verkalkung, während sie oben ihren Entschluß verkünden, einen langen Schlaf tun zu wollen, und uns bitten zu sorgen, daß man sie nicht zu zeitig wecke, von kommenden Abenteuern, von freieren, sachlicheren, schärferen Künsten.

[Wie soll man heute Klassiker spielen?]

[Antwort auf eine Rundfrage]

Wenn in einer nicht allzu faulen Zeit irgendeine, einstmals nicht allzu faule Sache anfängt, faul zu werden, dann wird man alle lebendigen Leute, die dabeistehen, darauf versessen sehen, die Sache möglichst noch fauler zu machen, um sie möglichst rasch unter die Erde zu bringen. Tatsächlich sind heute die lebendigeren Leute, die mit dem Theater zu tun haben, in ihrer Tätigkeit beinahe ausschließlich darauf beschränkt, das Theater schlecht zu machen. Ich denke, wenn man nach den Leuten fahnden würde, die außer dem Zahn der Zeit schuld am (unaufhaltsamen!) Untergang dieses Theaters sind, so würden sich doch nur sehr wenige freiwillig stellen – außer uns. Wir halten uns für an diesem Untergang in prominenter Weise beteiligt. Allein durch die Aufführung unserer paar Stücke wurde viel geleistet. Ganze Stoffkomplexe des vorrevolutionären Theaters, dazu eine ganze fertige Psychologie und beinahe alles Weltanschauliche wurden einem großen Teil der Schauspieler und einem kleineren des Publikums einfach ungenießbar gemacht. (Nach seiner »Räuber«-Inszenierung sagte mir Piscator, er habe erreichen wollen, daß die Leute, die das Theater verließen, gemerkt hätten, daß 150 Jahre keine Kleinigkeit seien.) Ganz abgesehen von ihrer durch die faulen Verhältnisse sabotierten produktiven Tätigkeit, durch die eine das alte Theater empfindlich treffende gefährliche Lust an neueren und abenteuerlicheren Gedankengängen geweckt wurde, wirkte schon die bloße Anwesenheit einiger jüngerer Leute im Zuschauerraum einfach irritierend auf das alte Theater. Angesichts dieser unsympathischen und unzufriedenen Gesichter, die den Widerwillen eines ganzen Geschlechtes gegen veraltetes Denken ausdrückten, geriet das Theater bei der Darstellung seines gewohnten erfolgsicheren Repertoires in eine unsäglich erfreuliche Unsicherheit, die sich in einem ganz sinnlosen Experimentieren Luft machte, in einer bei älteren Institutionen ganz unziemlichen Waghalsigkeit. Es wurden Erfindungen gemacht, und ich denke, sie werden noch weiter Erfindungen machen. Aber es ist eine interessante Sache um die Erfindungen, die auf absteigenden Ästen gemacht werden. Leute auf absteigenden Ästen erfinden nämlich nur mehr Sägen. Sie mögen sich ausdenken, was sie wollen, am Schluß ist es doch immer eine Säge geworden, und sie mögen sich beherrschen, wie sie wollen, ihre geheime Lust ist zu übermächtig: Plötzlich merken sie, sie haben wieder an ihrem Ast herumgesägt. Jede Aufführung eines doch ganz alten und also schon seit endloser Zeit, nämlich seit es noch nicht alt war, nie mehr durchgefallenen Stückes war ein unter atemloser Spannung des Publikums inszenierter Todessprung. Bei alledem hat sich das alte klassische Repertoire, abgesehen von dem, was man mit ihm trieb, um es ein wenig aufzufrischen, wodurch man es vollends verdarb, doch als hinreichend brüchig und vermottet herausgestellt. Man konnte es tatsächlich nicht mehr wagen, es in seiner alten Form erwachsenen Zeitungslesern anzubieten. Wirklich brauchen davon konnte man nur mehr den Stoff. (Gewisse klassische Stücke, deren reiner Materialwert nicht ausreicht, sind für unsere Epoche ungenießbar.) Was man zur Anordnung und zum Wirksammachen dieses Stoffes dann aber brauchte, das waren neue Gesichtspunkte. Und die konnte man nur aus der zeitgenössischen Produktion beziehen. Durch Anwendung eines politischen Gesichtspunktes konnte man irgendein klassisches Stück zu mehr machen als einem Schwelgen in Erinnerungen. Es gibt noch andere Gesichtspunkte: Sie sind in der zeitgenössischen Produktion zu finden. Ganz unumwunden: Ich meine, daß es nicht den geringsten Sinn hat, ein Stück von Shakespeare aufzuführen, bevor das Theater imstande ist, die zeitgenössische Produktion zur Wirkung zu bringen. Hier nützen keine Umgehungsversuche. Man darf sich auch nichts davon versprechen, aus den neueren Stücken schlicht die Gesichtspunkte herauszuklauben, um sie auf ältere anzuwenden, man wird sie so nicht finden. Ich sehe die Zukunft jener in trübem Lichte, die den harten Forderungen einer ungeduldigen Zeit ausweichen wollen.

1926

Theatersituation 1917-1927

Das Theater von heute ist ein reines Provisorium. Man würde
es schon ungerecht beurteilen, wenn man etwa unterstellte,
daß es mit geistigen Dingen, also mit Kunst, irgend etwas zu
tun haben wollte. Es will tatsächlich nur mit einem von ihm
ziemlich vage gesehenen *Publikum* zu tun haben, das sich
zusammensetzt aus Leuten, die entweder ihre Naivität verlieren, wenn sie das Theater betreten oder nie Naivität be-
saßen. Die verzweifelte Hoffnung des Theaters ist es nun,
dieses Publikum zu halten, indem es ihm immer weiter ent-
gegenkommt, was sehr schwierig ist, weil man nicht wissen
kann, worin man diesem Publikum entgegenkommen soll,
denn es hat *keinerlei Appetite.* Es ist möglich, daß man
außerdem hofft, auf diesem Wege dem Publikum entgegen
nebenbei einen *Stil* zu finden. Das heißt: Stil wäre in diesem
Falle eine Art übertragbare *Routine* in der Behandlung des
Publikums. Ohne das Publikum, das für die Theater diese
große Rolle spielt, klassenmäßig betrachten zu wollen, muß
man das Publikum als Fundgrube eines neuen Stils natürlich
ablehnen.
Ich gebe zu, daß ein Mensch, der für das Theater eine Passion
hat, heute den alten Typus des Theaterbesuchers nicht mehr
ernst nehmen kann. Aber wenn man einen neuen Typus erwartet, so darf man keinen Augenblick vergessen, daß dieser
Typus das Theaterbesuchen erst zu lernen haben wird, daß
also auf seine ersten Forderungen einzugehen keinen Sinn
hätte, da es einfach mißverständliche Forderungen sein werden. (Es ist zwar eine neue Verwendungsart für Rasierapparate, von Negern um den Hals gehängt zu werden, aber diese
Verwendungsart wird nicht zu einer wesentlichen Verbesserung der Rasierapparate führen können.)
Ich glaube nicht, daß die Behauptung einiger neuerer Regisseure, sie nähmen gewisse Veränderungen an klassischen
Stücken auf Wunsch des Publikums vor, sich aufrechterhalten
lasse angesichts der Tatsache, daß das Publikum durchaus
Wert darauf legt, *neuere Stücke* in möglichst *alter Form* zu
sehen. Trotzdem hat der Regisseur im Verfolg seiner Ver-

pflichtung das Publikum, das er als wunschlos erkannt hat, nicht weiter zu beachten, die weitere Verpflichtung, die alten Werke des alten Theaters rein als Material zu behandeln, ihre Stile zu ignorieren, ihre Verfasser vergessen zu machen und allen diesen für andere Epochen gemachten Werken den Stil unserer Epoche aufzudrücken.

Diesen Stil hat der *Regisseur,* da er selber gezeigt hat, daß er einen neuen Stil und neue große Gesichtspunkte nicht hat, fernerhin nicht aus seinem Köpfchen, sondern *aus der dramatischen Produktion* dieser Zeit zu gewinnen. Er hat die Verpflichtung, die Versuche ständig zu erneuern, die zur Schaffung des großen epischen und dokumentarischen Theaters führen müssen, das unserer Zeit gemäß ist.

1927

Betrachtung über die
Schwierigkeiten des epischen Theaters

Ein Theater, das ernsthaft den Versuch unternimmt, eines der neueren Stücke aufzuführen, nimmt das Risiko einer totalen Umstellung auf sich. Das Publikum wohnt also lediglich einem Kampf zwischen Theater und Stück bei, einem fast akademischen Unternehmen, bei dem es, soweit es an dem Erneuerungsprozeß des Theaters überhaupt interessiert ist, nur festzustellen hat, ob das Theater aus diesem mörderischen Kampf als Sieger oder als Besiegter hervorgeht. (Als Sieger über das Stück kann das Theater heute fast nur dann hervorgehen, wenn es ihm gelingt, das Risiko überhaupt zu vermeiden, sich durch das Stück möglichst umändern zu lassen – was ihm vorderhand beinahe immer gelingt.) Nicht ob das Stück auf das Publikum, sondern einzig und allein, ob es auf dem Theater wirkt, ist vorläufig entscheidend.

Diese Situation wird so lange dauern, bis die Theater den von unseren Stücken geforderten und ermöglichten Aufführungsstil sich erarbeitet haben. Dabei genügt es nicht, daß die Theater für unsere Stücke eine Art Sonderstil erfinden, etwa, wie es die Erfindung der sogenannten Münchener Shakespearebühne gewesen ist, die nur für Shakespeare zu verwenden war, sondern es muß ein Stil sein, der den ganzen heute noch lebenskräftigen Teil des Theaterrepertoires zu neuer Wirkung bringt.

Die *totale Umstellung des Theaters* darf natürlich nicht einer artistischen Laune folgen, sie muß einfach der totalen geistigen Umstellung unserer Zeit entsprechen.

Die bekannten Symptome dieser geistigen Umstellung wurden bisher einfach als Krankheitssymptome angesehen. Dies geschieht mit einem gewissen Recht, denn natürlich werden zunächst nur die Verfallserscheinungen des *Alten* sichtbar. Es wäre aber verfehlt, diese Erscheinungen, etwa den sogenannten Amerikanismus, für etwas anderes als jene krankhaften Veränderungen zu halten, die wirkliche geistige Einflüsse neuer Art in dem alten Körper unserer Kultur veranlaßt haben. Und es wäre verfehlt, die neuen Ideen überhaupt nicht

als Ideen und überhaupt nicht als *geistige* Erscheinungen zu
betrachten und etwa das Theater als Bollwerk des Geistes
ihnen gegenüber ausbauen zu wollen. Das Theater, die Literatur, die Kunst müssen im Gegenteil gerade den »ideologischen Überbau« für die effektiven realen Umschichtungen in
der Lebensweise unserer Zeit schaffen.
Die neue Dramatik bezeichnet nun in ihren Werken als Theaterstil unserer Zeit *das epische Theater*. Die Prinzipien des
epischen Theaters in wenigen Schlagworten zu entwickeln ist
nicht möglich. Sie betreffen, im einzelnen noch größtenteils
unentwickelt, Darstellung durch den Schauspieler, Bühnentechnik, Dramaturgie, Theatermusik, Filmverwendung und
so weiter. Das Wesentliche am epischen Theater ist es vielleicht, daß es nicht so sehr an das Gefühl, sondern mehr an
die Ratio des Zuschauers appelliert. Nicht miterleben soll der
Zuschauer, sondern sich auseinandersetzen. Dabei wäre es
ganz und gar unrichtig, diesem Theater das Gefühl absprechen zu wollen. Dies käme nur darauf hinaus, heute noch
etwa der Wissenschaft das Gefühl absprechen zu wollen.

1927

Der Piscatorsche Versuch

Außer in Engels entscheidend wichtiger »Coriolan«-Inszenierung wurden die Versuche zum epischen Theater nur vom Drama her unternommen. (Das erste dieses epische Theater aufbauende Drama war Brechts dramatische Biographie »Baal«, das einfachste Emil Burris »Amerikanische Jugend« und das bisher exponierteste – weil von einem Autor gänzlich anderer Richtung stammend – Bronnens »Ostpolzug«.) Nun kommt auch vom Theater her wieder Wasser auf die Mühle: der Piscatorsche Versuch.

Das Wesentliche dieses Versuchs besteht in folgendem:

Durch das Vorwegnehmen jener Teile der Handlung, in denen kein Gegenspiel steckt, im einkomponierten Film, ist das gesprochene Wort entlastet und wird absolut entscheidend. Der Zuschauer hat Gelegenheit, gewisse Vorgänge, die die Voraussetzungen für die Entscheidungen der handelnden Personen bilden, selbst in Augenschein zu nehmen und sie selbst zu beurteilen, ohne sie durch die von ihnen bewegten Personen sehen zu müssen. Die Figuren können sich, da sie den Zuschauer nicht mehr objektiv informieren müssen, frei äußern: ihre Äußerung wird auffällig. Außerdem kann der Kontrast zwischen der flachen photographierten Wirklichkeit und dem plastisch vor dem Film hingestellten Wort beim Überspringen trickartig gleich noch zu einer unkontrollierbaren Steigerung des sprachlichen Ausdrucks benützt werden. Das pathetische und gleichzeitig vieldeutige Wort bekommt durch das ruhige photographische Zurschaustellen eines wirklichen Hintergrundes Kredit. Der Film macht dem Drama das Bett.

Die sprechenden Figuren werden dadurch, daß das Milieu in seiner ganzen Weite photographiert wird, unverhältnismäßig groß. Während das Milieu auf immer gleicher Fläche, nämlich die der Leinwand, zusammengedrängt oder erweitert werden muß, also zum Beispiel der Mount Everest in immer verschiedenem Format erscheint, bleiben die Figuren stets gleich groß.

Hier hat Engel für das epische Theater Punkte gesammelt. Er gab die Geschichte des Coriolan so, daß jede Szene für sich stand und nur ihr Ergebnis für das Ganze benützt wurde. Im Gegensatz zum dramatischen Theater, wo alles auf eine Katastrophe hinaust, also fast das Ganze einleitenden Charakter hat, stand hier die Totalität unbewegt in jeder Szene. Der Piscatorsche Versuch schließt damit ab, wenn noch eine Reihe entscheidender Unzulänglichkeiten behoben sind. (Zum Beispiel wird durch den unausgenützten Übergang vom Wort zum Bild, der noch gänzlich abrupt stattfindet, die Zahl der im Theater befindlichen Zuschauer einfach um die Zahl der eben noch auf der Bühne beschäftigten, vor der Projektionsleinwand stehenden Schauspieler vermehrt, zum Beispiel der heute noch übliche pathetische Opernstil scheinbar aus mangelnder Vorsicht durch die schöne Naivität photographierter Maschinen schrecklich entlarvt, technische Fehler, die dem Piscatorschen Versuch einen Teil jenes Aromas verschaffen, ohne das ein naives Theater nicht denkbar ist.)
Die Verwendung des Filmes als reines Dokument der photographierten Wirklichkeit, als Gewissen, hat das epische Theater noch zu erproben.

1926

Primat des Apparates

In einem Sonderabdruck der »Frankfurter Zeitung« hat der Theaterkritiker Diebold über das »Piscatordrama« geschrieben. Er weist in diesem Aufsatz, der ein bemerkenswertes, in diesen Jahren seltenes Interesse an neuem Theater zeigt, auf eine neue Möglichkeit für die Dramatik hin. Er behauptet nämlich, daß die Piscatorbühne eine neue Art von Drama ermögliche. Diese Auffassung beweist wieder die außerordentliche Verwirrung, in die die bürgerliche Ästhetik geraten ist.

Man kann vorwegnehmen, daß Piscators Regieversuche darauf hinzielen, das Theater zu elektrifizieren und es auf den technischen Standard zu bringen, den die meisten Einrichtungen heute erreicht haben. Der Film ermöglicht es, den Prospekt realistischer zu machen und die Kulisse mitspielen zu lassen. Das laufende Band macht den Bühnenboden beweglich und so weiter. Damit ist also das Theater auf dem besten Weg, die Aufführung moderner Stücke oder eine moderne Aufführung älterer Stücke zu ermöglichen. Ermöglicht diese Bühne *und nur diese Bühne* aber das Zustandekommen neuer Stücke? Müssen für diese Bühne neue Stücke geschrieben werden?

Man kann vorwegnehmen, daß neue Stücke geschrieben werden müssen. Es war eine revolutionäre Entscheidung der neuen Dramatik, unter allen Umständen neue Stücke zu schreiben. Diese Stücke waren nicht aufführbar. Daß sie nicht aufführbar waren, das war niemand klarzumachen. Warum es niemand klarzumachen war, das wußte die Ästhetik nicht zu sagen. Wer von unsern nur ästhetisch geschulten Kritikern wäre imstande, zu begreifen, daß die selbstverständliche Praktik der bürgerlichen Kritik, in ästhetischen Fragen in jedem einzigen Fall den Theatern gegen die Produktion Recht zu geben, eine *politische* Ursache hat? Der Unternehmer, hier wie überall, bekommt die Vorhand gegen den Arbeiter, der Besitzer der Produktionsmittel wird eo ipso als produktiv angenommen. Die dramatische Produktion erhebt seit Jahren die Behauptung, sie werde falsch aufgeführt, der herrschende

Theaterstil sei nicht imstande, sie zu bewältigen, sie selber aber verlange und ermögliche einen völlig neuen Theaterstil. Schweigen im Walde. Nach wie vor, da ja nichts vorgefallen ist, da keine Produktionsmittel dahinterstehen, da hier kein Einfluß zu erlangen, keine Macht zu fürchten ist, beurteilt der Kritiker die neuen Dramen nach ihrer Eignung für das zeitgenössische Theater, schüttelt den Charakterkopf über alles, womit ein überalterter, ausgepumpter und phantasieloser Bühnenstil nicht fertig wird, und nimmt im besten Fall an, der Dramatik fehle es an wirklich geistiger Tendenz, sie kenne nicht ihre Aufgabe. Wer soll ihm begreiflich machen, daß er als Aufgabe wahrscheinlich unbewußt die Aufgabe im Auge hat, die bestehenden Institute und Produktionsmittel mit Stoff zu versorgen? Taucht nun ein neueres Institut auf, das eben angefangen hat, die Petroleumfunzeln durch elektrisches Licht zu ersetzen, so hat die Dramatik eine »Aufgabe«, nämlich die, dieses Institut zu versorgen. Sicher kommt dann die Elektrizität endlich in den Stücken vor! Dabei ist mit dem bescheidenen technischen Vorstoß noch wenig erreicht, Piscator hat alle Hände voll zu arbeiten, um weiterzukommen, die schon vorliegende neue Dramatik ist immer noch nicht aufführbar.

Was Piscator ermöglicht, ist das Erfassen neuer Stoffe. Er hat die Aufgabe, die neuen Stoffe alt zu machen. Vor sie alt sind, können sie vom Drama nicht erfaßt werden.

Das neue Theater und die neue Dramatik

Als die neue Dramatik nach dem Krieg auftauchte, fand sie ein von Publikum überfülltes, aber unsäglich überanstrengtes Theater vor. Dieses Theater griff nach ihr ziemlich begierig, versuchte sie zu einer Art Verjüngung zu benutzen, konnte aber trotz einiger Anstrengungen nur wenig aus ihr herausholen. Es unternahm dann von sich aus ein paar krampfhafte Anstrengungen, die aber, da sie von den besseren Dramenschreibern nicht durch Protektion unterstützt wurden, rasch zusammenbrachen und bald ganz aufhörten. Den Überredungskünsten der ruhig weiterarbeitenden Dramatik [gegenüber], sich vollständig und von Grund auf umzustellen, verhielt sich dieses Theater absolut ablehnend. Die Behauptungen der Dramenschreiber, es lasse sich aus ihren Stücken, wenn man sie nur daraufhin untersuchen wolle, ein großer Theaterstil gewinnen, der nicht nur für diese neueren, sondern auch für sehr viel ältere Stücke in Betracht käme, wurde nicht beachtet, ja nicht einmal von Freunden gedruckt. Soweit sich in dieser Zeit auf künstlerischem Gebiet überhaupt noch geistige Kämpfe abspielen, kann man eine interessante Überschätzung aller Produktionsmittel wahrnehmen. Jeder Immobilie wird ein entscheidener Einfluß auf geistige Dinge zugesprochen. Der Besitzende erhält vor dem Produzierenden das Wort. In keinem einzigen Fall würde ein einzelner Mann in einem Streitfall gegen ein Institut, und wäre es das verrufenste, recht bekommen. Die Stellung der Presse etwa ist so festgelegt, daß die Frage, ob [. . .] sich, um auf das Gebiet des Dramas zu kommen, das Theater oder die dramatische Produktion ändern müsse, überhaupt nicht gestellt werden kann. Diese Frage würde, wo sie überhaupt verstanden würde, unter Gelächter begraben werden. Und doch ist diese Grundfrage die nackte Existenzfrage der neuen Dramatik.

Nun ist es klar, daß es für das Theater unendlich schwieriger ist, sich radikal umzustellen, als es dies für die Dramatik war. Ein einzelner Dramenschreiber kann sich leichter auf neues und gefährliches Gebiet begeben als ein großer Menschen-

und Materialienkomplex. Das Theater entwickelt sich viel langsamer, es hinkt mühsam hinterher. Es ist keineswegs leichter, die neuen Begriffe im Drama zu schaffen, als eine alte Bühne zu elektrifizieren. Aber es ist billiger und auch notwendiger, und zudem hängt es von wenigen Leuten ab, die zu ihrem eignen Spaß arbeiten, und vor allem ist es eine Sache reiner Produktion. Immerhin hat das Theater in allerletzter Zeit einen technischen Vorstoß unternommen, um einigermaßen auf den technischen Standard zu kommen, den andre Betriebe schon seit geraumer Zeit erreicht haben. Im Brennpunkt des öffentlichen Interesses steht die Bemühung des Regisseurs Piscator, die Bühne von den schlimmsten Rückständigkeiten zu befreien. Nach auswärtigen Mustern und unter Benutzung einiger wirklicher Talente wurde das Projektionsverfahren an Stelle der altmodischen fixierten Kulisse gesetzt. Der Bühnenboden wurde beweglich und so weiter. Die neue Dramatik findet hier, wenn sie einer Neigung dieses Regisseurs, die Technik zu gewissen billigen Symbolismen zu mißbrauchen, keine weitere Bedeutung beimißt, die Elemente einer Bühne vor, die jedenfalls keine direkten Handicaps mehr für sie bedeutet. Das Theater hat sich hiermit zu einer unbedingt nötigen Umstellung entschlossen. Diese Umstellung genügt aber noch lange nicht.

[Kölner Rundfunkgespräch]

HARDT ... Warum Soziologie?

BRECHT Lieber Herr Hardt. Wenn Sie heute in einem Theater sitzen, und es hat um 8 Uhr angefangen, so haben Sie – ob nun »Ödipus« oder »Othello« oder »Fuhrmann Henschel« oder »Trommeln in der Nacht« gespielt werden – etwa um halb 9 Uhr das Gefühl einer gewissen Bedrückung seelischer Art, aber spätestens um 9 Uhr das Gefühl: Unbedingt und sofort hinausgehen. Dieses Gefühl haben Sie nicht etwa deswegen, weil, was da gemacht wird, nicht ganz schön ist, sondern obwohl es ganz schön ist. Es ist nur nicht das Richtige. Trotzdem gehen Sie aber praktisch nicht hinaus, Sie nicht und ich nicht und niemand; und auch theoretisch ist es sehr schwer, etwas gegen dieses Theater einzuwenden, denn die ganze Ästhetik, also unsere Lehre vom Schönen, hilft uns da gar nicht. Wir können mit Hilfe der Ästhetik allein nichts gegen das bestehende Theater ausrichten. Um dieses Theater zu liquidieren, das heißt abzubauen, wegzukriegen, unter dem Preis loszuschlagen, müssen wir schon die Wissenschaft heranziehen, so wie wir auch, um allerhand anderen Aberglauben zu liquidieren, die Wissenschaft herangezogen haben. Und zwar in unserem Fall die Soziologie, das heißt die Lehre von den Beziehungen der Menschen zu den Menschen, also die Lehre vom Unschönen. Die Soziologie soll Ihnen und uns, Herr Jhering, helfen, möglichst alles, was wir an Dramatik und Theater heute haben, möglichst vollständig unter den Boden zu schaufeln.

JHERING Sie wollen also, wenn ich Sie recht verstehe, damit sagen, daß das sogenannte moderne Drama im Grunde nichts anderes sei als das alte und deshalb ebenso erledigt werden müsse. Aus welchem Grunde? Wollen Sie, daß alle Dramen, die Schicksale des Individuums behandeln, die also Privattragödien sind, abgebaut werden sollen? Das würde übrigens bedeuten, daß Sie auch Shakespeare, auf dem unsere ganze heutige Dramatik beruht, nicht mehr für gültig halten. Denn auch Shakespeare hat Dramen des Individuums geschrieben: Einzeltragödien wie »König Lear«, Schauspiele, die den Menschen geradezu in die Vereinsamung hinaustreiben, am Ende in der tragischen Isolierung zeigen. Sie würden also dem Drama jeden *ewigen Wert* abstreiten?

BRECHT Ewigen Wert! Um auch den ewigen Wert hinunterzuschaufeln, brauchen wir ebenfalls nur die Wissenschaft zu Hilfe zu rufen. Sternberg, wie ist das mit dem ewigen Wert?

STERNBERG Es gibt keine ewigen Werte in der Kunst. Das Drama, das in einem bestimmten Kulturkreis geboren ist, hat ebensowenig ewige Werte wie die Epoche, in der es geschaffen wurde, nicht ewig dauert. Den Inhalt des Dramas bilden Konflikte von Menschen untereinander, Konflikte von Menschen in ihren Beziehungen zu Institutionen. Konflikte von Menschen untereinander, das sind zum Beispiel alle die, die sich aus der Liebe eines Mannes zu einer Frau ergeben. Aber diese Konflikte sind nicht ewig, so gewiß nicht, so gewiß in jeder Kulturepoche die Beziehungen von Mann und Frau grundverschieden sind. Andere Konflikte sind die der Menschen in ihren Beziehungen zu Institutionen zum Beispiel zum Staate. Aber diese Konflikte sind wieder nicht ewig; sie sind davon abhängig, welchen Radius der Mensch als einzelner jeweils hat, welchen Radius die staatliche Gewalt. Und so sind die Beziehungen des Staates zu den Menschen und damit der Menschen untereinander wiederum in den verschiedenen Kulturepochen absolut verschieden. Sie sind anders im Altertum, dessen Wirtschaft auf der Sklaverei basierte – darum ist auch das antike Drama in diesem Punkte für uns nicht ewig –, sie sind anders in einer modernen, in einer kapitalistischen Wirtschaft, anders natürlich auch in einer kommenden Epoche, die keine Klassen, keine Klassenunterschiede mehr kennt. Von ewigen Werten sollte man daher gerade heute nicht sprechen, wo wir am Wendepunkt zweier Epochen stehen.

JHERING Könnten Sie das, was Sie hier so allgemein gesagt haben, besonders auf Shakespeare anwenden?

STERNBERG Das europäische Drama ist keinen Schritt über Shakespeare hinausgegangen. Der stand am Wendepunkt zweier Epochen. Was wir mit dem Namen Mittelalter umgreifen, wirkte sich in ihm aus, aber schon war der mittelalterliche Mensch aus seinen Bindungen herausgebrochen worden durch die Dynamik der Epoche; das Individuum war geboren worden als Individuum, als ein Nichtteilbares, Nichtvertauschbares. Und so wurde das Shakespearische Drama zum Drama des mittelalterlichen Menschen wie des Menschen, der sich immer mehr als Individuum zu entdecken begann und als solches in dramatische Situationen zu seinesgleichen wie zu übergeordneten Gewalten geriet. Es ist in diesem Zusammenhang bedeutsam, welche Stoffe sich Shakespeare für seine großen Römerdramen gewählt hat. Er hat uns kein Drama geschenkt über die großen republikanischen Zeiten Roms, in denen der einzelne Name noch nichts bedeutete, in denen der Kollektivwille schlechthin entscheidend ist, Senatus Populusque Romanus, sondern er hat die Zeiten vor und hinter dem gewählt. Die große Mythenzeit, als der einzelne sich noch der Masse entgegensetzte, im »Coriolan«, und die Zeit des sich auflösenden Reiches, das in seiner Expansion schon die Keime des Zerfalls trug (und dabei die großen Einzelnen hervorbrachte), im »Julius Cäsar« und »Antonius und Kleopatra«.

BRECHT Ja, die großen Einzelnen! Die großen Einzelnen waren der Stoff, und dieser Stoff ergab die Form dieser Dramen. Es war die sogenannte dramatische Form, und dramatisch bedeutet dabei: wild bewegt, leidenschaftlich, kontradiktorisch, dynamisch. Wie war diese dramatische Form? Was war ihr Zweck? Bei Shakespeare sehen Sie es genau. Shakespeare treibt durch vier Akte den großen Einzelnen, den Lear, den Othello, den Macbeth, aus allen seinen menschlichen Bindungen mit der Familie und mit dem Staat heraus in die Heide, in die vollständige Vereinsamung, wo er im Untergang sich groß zu zeigen hat. Dies ergibt die Form, sagen wir, eines Haferfeldtreibens. Der erste Satz der Tragödie ist nur da für den zweiten, und alle Sätze sind nur da für den letzten Satz. Die Leidenschaft ist es, die dieses Getriebe in Gang hält, und der Zweck des Getriebes ist das große individuelle Erlebnis. Spätere Zeiten werden dieses Drama ein Drama für Menschenfresser nennen und werden sagen, daß der Mensch am Anfang als Dritter Richard mit Behagen und am Ende als Fuhrmann Henschel mit Mitleid gefressen, aber immer gefressen wurde.

STERNBERG Aber Shakespeare verkörperte noch die heroische Zeit des Dramas und damit das Zeitalter des heroischen Erlebnisses. Das Heroische verging und die Erlebnissucht blieb. Je mehr wir uns dem 19. Jahrhundert und in diesem seiner zweiten Hälfte nähern, desto gleichförmiger wurde das bürgerliche Drama; der ganze Erlebniskreis des Bürgers drehte sich – im Drama! – im wesentlichen um die Beziehungen Mann – Frau, Frau – Mann. Sämtliche Möglichkeiten, die sich aus diesem Problem ergeben, sind einmal bürgerliches Drama geworden: ob die Frau zu ihrem Mann geht, zum dritten, zu beiden oder zu keinem, ob die Männer sich schießen sollen und wer wen töten soll: Der größte Teil des Dramas des 19. Jahrhunderts ist mit dieser Persiflage erledigt. Was aber geschieht nun weiter, da doch nun einmal in der Wirklichkeit das Individuum als Individuum, als Individualität, als Unteilbares, als Unvertauschbares immer mehr schwindet, da im Ausgang des kapitalistischen Zeitalters wieder das Kollektive bestimmend ist.

JHERING Da muß man eben die ganze Technik des Dramas preisgeben. Die Theaterleute und Kritiker haben unrecht, die behaupten, daß man nur bei Pariser Dramatikern in die Schule gehen müßte, nur den Dialog feilen, den Szenenaufbau verbessern, die Technik verfeinern müsse, um in Deutschland wieder zu einem Drama zu kommen. Als ob diese Art von Ibsen und den Franzosen nicht längst zu Ende geführt worden wäre, als ob es darüber hinaus überhaupt eine Entwicklung gäbe. Nein, es handelt sich nicht um Verfeinerung einer bestehenden handlichen Technik, nicht um Verbesserung, nicht um die Pariser Schule. Das ist der unbegreifliche Irrtum etwa auch von Hasenclever und seiner Komödie »Ehen werden im Himmel geschlossen«. Nein, es handelt sich um eine grundsätzlich andere Art von Drama.

BRECHT Ja, eben das epische Drama.

JHERING Ja, Brecht, Sie haben hier eine ganz bestimmte Theorie entwickelt, Ihre Theorie des epischen Dramas.

BRECHT Ja, diese Theorie vom epischen Drama ist allerdings von uns. Wir haben auch versucht, einige epische Dramen herzustellen. Ich habe »Mann ist Mann«, Bronnen hat den »Ostpolzug« und die Fleisser hat ihre Ingolstädter Dramen in epischer Technik verfaßt. Aber die Versuche, episches Drama herzustellen, sind schon viel früher dagewesen. Wann begannen sie? Sie begannen zu der Zeit, wo die Wissenschaft ihren großen Start hatte, im vorigen Jahrhundert. Die Anfänge des Naturalismus waren die Anfänge des epischen Dramas in Europa. Andere Kulturkreise, China und Indien, hatten diese fortgeschrittenere Form schon vor zweitausend Jahren. Das naturalistische Drama entstand aus dem bürgerlichen Roman der Zola und Dostojewski, der seinerseits wieder das Eindringen der Wissenschaft in Kunstbezirke anzeigte. Die Naturalisten (Ibsen, Hauptmann) suchten die neuen Stoffe der neuen Romane auf die Bühne zu bringen und fanden keine andere Form dafür als eben die dieser Romane: eine epische. Als ihnen nun sofort vorgeworfen wurde, sie seien undramatisch, ließen sie mit der Form sofort auch die Stoffe wieder fallen, und der Vorstoß kam ins Stocken, anscheinend der Vorstoß in neue Stoffgebiete, in Wirklichkeit aber der Vorstoß in die epische Form.

JHERING Sie sagen also, daß das epische Drama eine Tradition hat, von der man im allgemeinen nichts weiß. Sie behaupten, daß die ganze Entwicklung der Literatur seit fünfzig Jahren auf das epische Drama hinausläuft. Wer ist nach Ihrer Meinung der letzte Vertreter dieser Entwicklungstendenz?

BRECHT Georg Kaiser.

JHERING Das verstehe ich aber nicht ganz. Gerade Georg Kaiser scheint mir die letzte Entwicklung des individualistischen Dramas zu bedeuten, also eines Dramas, das im äußersten Gegensatz zum epischen Drama steht. Kaiser gerade ist der Dramatiker auf kürzeste Sicht. Er hat seine Themen durch Stil aufgebraucht, die Wirklichkeit durch Stil überholt. Was ist verwertbar von diesem Stil? Kaisers Stil ist eine persönliche Handschrift, ist ein privater Stil.

BRECHT Ja, Kaiser ist auch Individualist. Aber doch gibt es etwas in seiner Technik, was zu seinem Individualismus nicht paßt und was also für uns paßt. So etwas, daß man technischen Fortschritt bemerkt, wo man sonst keine Fortschritte mehr bemerkt, kommt nicht nur im Drama vor. Die Fordsche Fabrik ist, technisch betrachtet, eine bolschewistische Organisation, paßt nicht zum bürgerlichen Individuum, paßt besser zur bolschewistischen Gesellschaft. So verzichtet Kaiser für seine Technik schon auf das große shakespearische Hilfsmittel der suggestiven Wirkung, der suggestiven Wirkung, die dadurch zustande kommt, wie bei der Epilepsie, wo ein Epileptiker alle zur Epilepsie Disponierten mit in Epilepsie reißt. Kaiser wendet sich schon an die Ratio.

JHERING Ja, an die Ratio, aber mit individualistischen Inhalten und sogar in zugespitzt dramatischer Form wie in »Von Morgens bis Mitternachts«. Aber wie wollen Sie von hier den weiten Weg zum epischen Drama machen?

STERNBERG Dieser Weg von Kaiser zu Brecht ist kurz. Er ist nicht eine Weiterführung, sondern ein dialektischer Umschlag. Die Ratio, die bei Kaiser noch verwendet wurde, um die Erlebniskreise von Einzelschicksalen gegeneinander in dramatische Form zu bringen, diese Ratio wird bei Brecht bewußt dazu verwendet, das Individuum zu entthronen.

BRECHT Natürlich ist für die diskutierende Haltung das reine epische Drama mit seinen kollektivistischen Inhalten besser.

JHERING Wieso? Jetzt wird in Berlin ein aktives, also ein dramatisches Drama aufgeführt, die »Revolte im Erziehungshaus« von P. M. Lampel. Aber dieses dramatische Drama übt eine ähnliche Wirkung aus, es wird im Publikum darüber diskutiert, und nicht über ästhetische Werte, sondern über den Inhalt.

BRECHT Ach! In diesem Stück werden öffentliche Zustände in die Diskussion gezogen, nämlich die unhaltbaren mittelalterlichen Zustände in manchen Erziehungsheimen. Solche Zustände müssen natürlich – in jeder Form berichtet – Empörungen auslösen. Aber Kaiser war doch da schon viel weiter: Er hat schon eine Zeitlang in den Theatern jene ganz neue Haltung des Publikums ermöglicht, jene kühle, forschende, interessierte Haltung, nämlich die Haltung des Publikums des wissenschaftlichen Zeitalters. Bei Lampel handelt es sich natürlich nicht um ein großes transportables dramatisches Prinzip.

JHERING Sie haben nur mit dem letzten Satz recht. Im übrigen behaupten Sie plötzlich, daß das epische Drama ein ewiges Prinzip sei, und wir waren uns doch nach den Ausführungen des Herrn Sternberg darin einig, daß es kein ewiges Prinzip gäbe. Wie stellt Herr Sternberg sich jetzt zu dieser Frage?

STERNBERG Das epische Drama kann nur dann unabhängig von seinen Beziehungen zum Gegenwartsgeschehen sein und dann einige Dauer haben, wenn die zentrale Haltung, die es einnimmt, eine Vorwegnahme der Erlebnisse der zukünftigen Historie ist. So wie der Weg von Kaiser zu Brecht ein kurzer sein konnte, da sich hier ein dialektischer Umschlag vollzog, so kann das epische Drama von Dauer sein, sobald der Umschlag der ökonomischen Verhältnisse die Situation schafft, die ihm entsprechen. Das epische Drama, wie jedes Drama, ist so abhängig von der Entwicklung der Historie.

Etwa 1928, fragmentarisch

Über eine neue Dramatik

Im Begriff, Ihrer Bitte folgend etwas über eine neue Dramatik niederzuschreiben, sehe ich schon nach einem kurzen Blick auf meinen Stoff mit Schrecken, auf was für ein häßliches Vokabular ich wieder angewiesen sein werde. Dieser Verzicht auf Charme ist aber nötig, da das Thema »Neue Dramatik« ohne Einbeziehung politischer Begriffe, also in einem rein ästhetischen Vokabular, gar nicht behandelt werden könnte. Beweis dafür: der deutliche Zusammenbruch der heutigen ästhetisch eingestellten Kritik bei der Behandlung dessen, was von neuer Dramatik bereits da ist.

Diese Art von Kritik gerät, auch wo sie aus Instinkt die neue Dramatik fördert, sofort in Schwierigkeiten, wenn es gilt, sie auch nur ihrem Stoff nach zu erklären; wo sie sie ebenso aus Instinkt ablehnt, ist sie gezwungen, diese Werke einfach als unverständlich und deren Verfasser einfach als Dummköpfe oder Schwächlinge hinzustellen. Im besten Fall erklärten diese Leute das Zustandekommen der neuen Dramen durch gewisse unkontrollierte und unkontrollierbare Gefühlsbewegungen in jungen Menschen. Ebenso wie ein gewisser damit beauftragter Teil der schreibenden Bourgeoisie, die doch geradezu unheimlich klaren Ansichten des Proletariats und seiner Führer für den Ausfluß reiner Gemütsbewegungen hält.

Man muß sich klarmachen, wie der Kurs des deutschen Dramas während der letzten Generation aussieht. Gegen Ende des 19. Jahrhunderts gab es die letzte größere Welle. Infiziert von dem großen bürgerlich-zivilisatorischen französischen Roman, infizierten einige Dramatiker das Theater mit Naturalismus. Rein von der Politik her waren völlig neue Stoffe in Sicht gekommen. Man half sich mit Photographie. Da man vermittels der Photographie keine plastischen Wirkungen erzielte, half man sich mit Psychologie. Die kleinwüchsigen Figuren bekamen ein ungewöhnlich reizvolles Innenleben. Diese Bewegung, die mit Dichtung nur insoweit etwas zu tun hatte, als die betreffenden Werke von dichterisch begabten Leuten geschrieben wurden, brachte keine bedeutenden Werke hervor, machte dem Theater keine neuen

Stoffe urbar und versackte nach einigen Versuchen völlig: Ihre Intuitoren selber widerriefen ihre Maximen und verbrachten den Rest ihres Lebens damit, ihre Ästhetik in Ordnung zu bringen. In unseren Tagen sieht man nunmehr das Theater selbst eine Initiative ähnlicher Art ergreifen: Wieder versucht man, also diesmal vom Theater her, »an die Stoffe heranzukommen«, und wieder photographiert man (diesmal vom Theater her), und es wird wieder mit Kunst nur insoweit etwas zu tun haben, als darin künstlerisch begabte Leute arbeiten.

Die Wahrheit ist: die alte Dramenform ist kaputtgegangen. Es hat wenig Sinn, Untersuchungen darüber anzustellen, woran, da doch niemand sich bereitfindet, sie jemals wieder zu benützen. Ein für allemal und selbst dann, wenn dadurch eine ganze Generation »erfahrener« Kritiker vor die Notwendigkeit gestellt wird, ein neues Abc zu lernen: die alte Dramenform ist tot, und jeder Versuch einer Erneuerung ist korrupt und wird vereitelt werden. Alle jene jüngeren Leute, die sie immer noch benutzen, müssen ruiniert werden, auch da, wo sie die Theater für sich haben, weil sie deren faulem und unerzogenem Publikum Futter reichen; sie müssen ruiniert werden durch geistigen Boykott, und zwar nicht deshalb, weil ihre Stücke ästhetisch schlecht sind, sondern weil durch ihre Stücke, vielleicht erstmalig in der Geschichte oder auch nicht erstmalig, die alten und korrupten Vorstellungen verewigt werden, die zu beseitigen nicht nur Sache der Genies, sondern auch der einfach nur anständigen Leute ist. (Für harthörige Leute sei ausdrücklich hinzugefügt, daß mit dieser Terrorisierung keineswegs alle jene Stücke bedroht werden sollen, in denen nicht direkt auf die politische Weltrevolution hingearbeitet wird – dies ist nicht nötig –, denn so wird es vielleicht klar, daß auch jene Stücke verschwinden müssen, in denen auf die Weltrevolution hingearbeitet, aber alte Vorstellungen, die ja gerade diese Revolution nötig machen, immer noch enthalten sind.)

Die Kampffront der neuen Dramatik richtet sich im Moment dennoch beinahe weniger gegen die alte Dramatik, die ja lediglich preisgegeben werden muß, als vielmehr gegen das bestehende Theater, worunter tatsächlich die wirklichen Institute zu verstehen sind, ob sie nun von Staatsgeldern leben oder private Handelsunternehmungen sind. Dies ist nicht sofort verständlich. Um es zu verstehen, ist es nötig, etwa die Haltung der Presse zu studieren. Wem ist es aufgefallen, daß es für die Theaterkritik dieser Zeit niemals auch nur eine Minute lang die Möglichkeit gab, die Dramatik getrennt vom Theater (den wirklichen Instituten und so weiter) zu sehen. Von allem Anfang an untersuchten sie diese Dramatik, *gleichsam als wären sie bloße Agenten der Theater,* nur daraufhin, ob sie für die bestehenden Theater, gerade für diese unsäglich von Lastern beschmutzten und schon von allem Anfang an in den unaufhaltsamen geistigen Untergang der herrschenden Klasse hereingezogenen Handelshäuser, eine neue Stützung bedeuteten oder nicht. Jedes Stück, das diesem Theater eine Chance gab, war unerwünscht, und von jedem Stück wurde nur dies hervorgehoben. Systematisch wird heute noch in jedem Zeitungsartikel, der mit Theater zu tun hat, eine Generation neuer Leute angeführt oder beschworen oder durch Drohungen gefügig gemacht, diese alten, von dreckigsten Vorstellungen besudelten Amüsierkästen ernst zu nehmen.

Man kann, auch wenn man ganze Packen von Rezensionen durchsucht, nirgends darin dem Verdacht Ausdruck gegeben finden, irgendwelche neuere Theaterstücke könnten von den Theatern falsch aufgeführt worden sein, das heißt also einem andern Zweck dienstbar gemacht, als den sie angestrebt hatten (und vielleicht erfüllt hätten). Diesen interessanten Umstand kann man sich nur so erklären, daß Presse und Theater als zwei große Industrien, das heißt also: als Besitzerinnen von Produktionsmitteln den Produzenten gegenüber Schulter an Schulter arbeiten und lediglich und immer noch weniger seine Verwertung als die ihrer Produktionsmittel im Auge haben müssen. Selbst einem Mann, der an diesen beiden Industrien weder finanziell noch ideell beteiligt ist, muß es schwerfallen, den Verdacht zu konzipieren, die Theater könnten die neuere Dramatik völlig falsch aufführen, weil hier ein merkwürdiger Umstand mitwirkt, den man hier nicht sogleich mit diesen Dingen in Verbindung bringt: *Auch die neueren Stücke wirken auf dem Theater.* Dargestellt in alter Weise und zu altem Zweck wirken sie. In Ermangelung eines neuen und dieser Zeit gemäßen Theaterstils haben die

Theater die Möglichkeit gefunden, überhaupt alles aufzuführen. In allen möglichen Stilarten, aber in sorgfältiger Herausarbeitung aktueller Effekte. Man kann Äschylus, Kalidasa, Molière und so weiter und man kann also auch Stücke der neuen Dramatik in durchaus effektvoller Weise »herauskitzeln«.

Selbstverständlich liegt es nicht in der Macht einzelner, wenn auch noch so begabter Theaterleiter und Regisseure, hier eine wirkliche Umwandlung zustande zu bringen, da diese Leute keineswegs die Gründe des katastrophalen Niedergangs sind, der sich keineswegs nur im Theater, ja nicht einmal dort am stärksten zeigt. Es steht nicht im Belieben der Herren Rockefeller und Ford, die Verheerung aller geistigen Gebiete durch den Kapitalismus abzuwenden. Es ist fraglich, ob sie sich selber ändern können. Aber es ist sicher, daß sie den Kapitalismus nicht ändern können. Die Standard Oil konnte durch Herrn Rockefeller aufgebaut werden, aber sie kann durch ihn nicht zu einem gemeinnützigen Unternehmen umgebaut werden, ohne daß sie ruiniert wird, das heißt also: Sie kann *nicht* umgebaut werden. Der Schrei nach einem neuen Theater ist der Schrei nach einer neuen Gesellschaftsordnung. Was die besten unter den heutigen Theaterleitern tun können, ist, sich immer wieder zu bemühen, *Ausnahmen* zu konstruieren, das heißt *ausnahmsweise* auf dem Theater geistige Betätigung zu ermöglichen.

Was diese Dinge mit einer neuen Dramatik zu tun haben, wird der fragen, der sich eine neue Dramatik vorstellen kann ohne einen neuen Theaterstil oder der glaubt, daß die Durchsetzung eines neuen Theaterstiles (also nicht irgendeiner in Reichweite liegenden Nuancierung des alten) durch die Dramatik allein ermöglicht werden könnte. Jedoch ist die Untersuchung dieser Dinge und Zusammenhänge schon deswegen nötig, damit wenigstens niemand glaubt, er habe schon etwas von neuer Dramatik gesehen (wenn er neue Dramen auf dem Theater aufgeführt sah).

Da es nun keinen Zweck hat, ins Leere hinein Lehrsätze für eine Dramatik aufzustellen, die aus obigen Gründen kaum sichtbar gemacht werden kann, beschränke ich mich darauf, andeutungsweise anzugeben, was durch die alte Form des Dramas nicht mehr erfaßt werden kann, was aber ein neues

Theater, gleichgültig ob es dadurch vielleicht einen ganz anderen Zweck erfüllen würde oder nicht, leisten können müßte.

Die alte Form des Dramas ermöglicht es nicht, die Welt so darzustellen, wie wir sie heute sehen.

Der für uns typische Ablauf eines Menschenschicksals kann in der jetzigen dramatischen Form nicht gezeigt werden.

Da ich für den Moment, wo Sie dies lesen, im Jahre 1928 lebe und nicht in einem Zeitraum zwischen 1600 und 2000, muß ich mich hier wieder jenes häßlichen Vokabulars bedienen, das nicht das Ihre, aber auch nicht nur das meine ist: Das Schicksal der Rose Bernd, der Weber und so weiter kann nicht mehr als tragisch empfunden und also auch nicht als tragisch vorgegeben werden in einer Zeit, welche diese Katastrophen schon auf einen bloßen Mangel der Zivilisation zurückführt, den zu beheben sie schon höchst praktische Vorschläge ausgearbeitet hat. Wie weit die Verwüstung, die durch solche Stücke entsteht oder durch die solche Stücke entstehen, vorgeschritten ist, beweist etwa die in einigen heute lebende Vorstellung, die Menschheit sei auf dem besten Wege, durch bloße zivilisatorische Maßnahmen das Tragische überhaupt aus der Welt zu schaffen. *Welche* Tragik? Die der Rose Bernd? Sicherlich.

Die Form solcher Dramen ist die der Anekdote.
Die Form der Anekdote scheint nun immer da benützbar, wo eine wirkliche Übereinstimmung zwischen dem Erzähler und dem Zuhörer und auch, wenn es mehrere sind, zwischen den Zuhörern besteht. Dann beleuchtet die Anekdote, wie es sehr schön heißt, blitzartig eine Situation (die dann eben allen bekannt vorkommt). Ich denke mir, daß im französischen Drama eine solche Übereinstimmung bestand, da es auf einer Gesellschaft mit zwingenden und anerkannten Konventionen aufgebaut war. Ich weiß nicht, ob sie im elisabethanischen England bestand, aber dort gab es jene großen Leidenschaften, die alle Unstimmigkeiten überbrückt hätten, die von allen verstanden wurden, selbst da oder gerade da, wo sie

alle Konventionen sprengten. Die Shakespearischen Anekdoten erhielten ihre Totalität durch die Leidenschaft.

Da wir ein atheistisches Theater haben, sind wir auf die Darstellung der menschlichen Beziehungen angewiesen. Diese Beziehungen sind heute nicht mehr darstellbar aus folgenden Gründen . . . (Politisierung der Beziehungen und so weiter.)

Wir legten uns die Fragen vor, warum die großen Stoffkomplexe heute vom Theater nicht mehr erfaßt werden können.
Fehlt das Genie?
Die bürgerliche Ästhetik wählt diese Antwort.
Die Kämpfe um den Weizen und so weiter sind nicht auf unseren Bühnen zu finden.

Im nachfolgenden soll das Problem des Theaters einer Betrachtungsweise unterzogen werden, die nicht üblich ist: der soziologischen. Eine Lektüre dieses Traktates kann den Kritikern des heutigen Theaters weder Erleuchtung noch Information bringen. Jedoch wäre es ein wünschbares Nebenprodukt, wenn ihnen und allen anderen bourgeoisen Elementen (das heißt, allen von der ästhetischen Seite her kommenden) wenigstens die Hoffnung entzogen würde, jemals das Theater zu erleben, das sie erwarten, das ihnen etwas Neues bringen und das sie doch verstehen könnten. Dieses Theater wird nicht mehr kommen.

Die Forderung einiger Ästheten (unter denen sogenannte Kommunisten übrigens die aktive Mehrheit bilden), alte Stücke überhaupt nicht mehr aufzuführen, ist eine bürgerliche Fluchtidee. Die alten Stücke müssen ihrem Materialwert nach im Stile der neuen Produktion, nicht aber zur Vorführung irgendeiner Tendenz vom neuen Theater verwertet werden.

Die Requirierung des Theaters für Zwecke des Klassenkampfes bietet eine Gefahr für die wirkliche Revolutionierung des Theaters. Es ist kein Zufall, daß diese Requirierung nicht von der Produktion, sondern von der Aufmachung (Regie) her erfolgte. Diese künstlerische Mittel usurpierenden Klassenkämpfer mußten von Anfang an zu neuen Mitteln (Jazz und Film) greifen und konnten zu keiner Revolutionierung des Theaters selbst vordringen. Die politisch verdienstvolle Übertragung revolutionären Geistes durch Bühneneffekte, die lediglich eine aktive Atmosphäre schaffen, kann das Theater nicht revolutionieren und ist etwas Provisorisches, das nicht weitergeführt, sondern nur durch eine wirklich revolutionierte Theaterkunst abgelöst werden kann. Dieses Theater ist ein im Grund antirevolutionäres, weil passives, reproduzierendes. Es ist angewiesen auf die pure Reproduktion schon vorhandener, also herrschender Typen, in unserem Sinne also bürgerlicher Typen, und muß auf die politische Revolution warten, um die Vorbilder zu bekommen. Es ist die letzte Form des bürgerlich-naturalistischen Theaters. Seine Regisseure werden ihren Schauspielern lediglich eine gewisse, nicht weiter verpflichtende »Natürlichkeit« anempfehlen. [. . .]

1928, fragmentarisch

Letzte Etappe: »Ödipus«

1

Die Entwicklung des großen Dramas und des großen Theaters führt in diesen Jahren Deutschland – das Fachland für Philosophie. Die Zukunft des Theaters ist eine philosophische.

2

Diese Entwicklung verläuft nicht gradlinig, sondern teils dialektisch, in Gegensätzen, teils parallel, aber so rapid, daß in einem einzigen Jahr mehrere Etappen zurückgelegt werden. Die letzte davon scheint »Ödipus« zu sein.

3

Diese Saison beweist die Wirkung Piscators. Vom Theater aus betrachtet, hat Piscator weniger (wie angenommen wurde) die Formfrage (Technik des Theaters) zur Diskussion gestellt als vielmehr die Stofffrage. Er ist damit durchgedrungen. Die mittleren Theater haben sich auf Stoffe geworfen (»Verbrecher«, »Revolte«, »Ton in des Töpfers Hand«). Es gab zwei Ausnahmen: »Die Dreigroschenoper« und »Ödipus«. Hier wurde zweimal die Formfrage angeschnitten.

4

Was die Bemühung um die Stoffe betrifft: Sie war nicht glücklich, es steckte, da Piscator fehlte, keine produktive Kraft dahinter (ausgenommen »Revolte«, eine postume Studioaufführung Piscators). Der Vorstoß des Jahres erfolgte in der Bemühung um die große Form. Letzte Etappe: »Ödipus«.

5

Die Bemühungen im Stofflichen und die Bemühungen im Formalen ergänzen sich. Vom Theater her gesehen: Die Fortschritte der Theatertechnik sind nur Fortschritte, wo sie der Verwertung der Stoffe dienen, die Fortschritte der Dramentechnik sind nur Fortschritte, wo sie der Verwertung der Stoffe dienen.

6

Betrifft große Form. Die großen modernen Stoffe müssen in einer mimischen Perspektive gesehen werden, sie müssen Gestencharakter haben. Sie müssen geordnet werden nach Beziehungen von Menschen oder Menschengruppen zueinander. Aber die bisherige große Form, die dramatische, ist für die jetzigen Stoffe nicht geeignet. Platt gesagt, für Fachleute: Die heutigen Stoffe lassen sich in der alten (großen) Form nicht ausdrücken.

7

Die große Form ist auf die Verwertung der Stoffe für die »Ewigkeit« gerichtet. Es gibt das »Typische« auch in der zeitlichen Ebene. Wer sich der großen Form bedient, erzählt seine Stoffe nachkommenden Zeiten so gut oder besser als seiner eigenen Zeit.

8

Unsere dramatische Form beruht darauf, daß der Zuschauer mitgeht, sich einfühlt, verstehen kann, sich identifizieren kann. Platt gesagt, für Fachleute: ein Stück, das etwa auf der Weizenbörse spielt, kann in der großen Form, der dramatischen, nicht gemacht werden. Es ist für *uns* schwer, sich eine Zeit vorzustellen und eine Haltung anzunehmen, in der ähnliche Zustände nicht natürlich sind, und die *Nachfolgenden*

werden staunend nur diese unverständlichen und unnatürlichen Zustände betrachten. Wie muß also unsere große Form
sein?

9

Episch. Sie muß berichten. Sie muß nicht glauben, daß man
sich einfühlen kann in unsere Welt, sie muß es auch nicht wollen. Die Stoffe sind ungeheuerlich, unsere Dramatik muß dies
berücksichtigen.

10

Betreffend die letzte Etappe: »Ödipus«. Wichtig 1. die große
Form. Wichtig 2. die Technik des zweiten Teiles (»Ödipus
auf Kolonos«), wo mit großer theatralischer Wirkung erzählt
wird. Hier hat bisher als lyrisch Verschrieenes Theaterwir-
kung. Hier kommt das »Erlebnis«, wenn, dann aus dem philosophischen Bezirk.

1929

Über Stoffe und Form

1

Schwierigkeiten werden nicht dadurch überwunden, daß sie
verschwiegen werden. In der Praxis muß man einen Schritt
nach dem andern machen – die Theorie muß den ganzen
Marsch enthalten. Die erste Etappe sind die neuen Stoffe, der
Marsch geht allerdings weiter. Die Schwierigkeit liegt darin,
daß die Arbeit der ersten Etappe (die neuen Stoffe) schwer
zu tun ist, wenn man schon an die zweite denkt (die neuen
Beziehungen der Menschen untereinander). Mit der Klarstel-
lung der Rolle des Heliums etwa ist wenig erreicht, wenn man
ein großes Weltbild erreichen will; aber die Rolle des Heliums wird nicht festgestellt werden können, wenn man etwas
anderes (etwa mehr) als das Helium im Kopf hat. Der regu-
läre Weg zur Erforschung der neuen Beziehungen der Menschen untereinander geht über die Erforschung der neuen
Stoffe (Ehe, Krankheit, Geld, Krieg und so weiter).

2

Das erste ist also: die Erfassung der neuen Stoffe, das zweite:
die Gestaltung der neuen Beziehungen. Grund: die Kunst
folgt der Wirklichkeit. Ein Beispiel: Die Gewinnung und
Verwertung des Petroleums ist ein neuer Stoffkomplex, in
dem bei genauer Betrachtung ganz neue Beziehungen zwischen Menschen auffallen. Eine bestimmte Handlungsweise
des einzelnen und der Masse wird beobachtet und ist deutlich
dem Petroleumkomplex eigentümlich. Aber nicht die neue
Handlungsweise hat die besondere Art der Petroleumverwer-
tung geschaffen. Sondern das Primäre war der Petroleumkomplex, das Sekundäre sind die neuen Beziehungen. Die
neuen Beziehungen stellen die Antworten dar, die die Menschen auf die Fragen des »Stoffes« geben, die *Lösungen*. Der
Stoff (sozusagen die Situation) entwickelt sich nach bestimmten Gesetzen, einfachen Notwendigkeiten, das Petroleum

aber schafft neue Beziehungen. Diese sind, wie gesagt, sekundär.

3

Schon die Erfassung der neuen Stoffgebiete kostet eine neue dramatische und theatralische Form. Können wir in der Form des Jambus über Geld sprechen? »Der Kurs der Mark, vorgestern auf 50, heut schon auf 100 Dollar, morgen drüber und so weiter« – geht das? Das Petroleum sträubt sich gegen die fünf Akte, die Katastrophen von heute verlaufen nicht geradlinig, sondern in der Form von Krisenzyklen, die »Helden« wechseln mit den einzelnen Phasen, sind auswechselbar und so weiter, die Kurve der Handlungen wird durch *Fehl*handlungen kompliziert, das Schicksal ist keine einheitliche Macht mehr, eher sind Kraftfelder mit entgegenwirkenden Strömungen zu beobachten, die Mächtegruppen selber zeigen nicht nur Bewegungen gegeneinander, sondern auch in sich selber und so weiter und so weiter. Schon zur Dramatisierung einer simplen Pressenotiz reicht die dramatische Technik der Hebbel und Ibsen bei weitem nicht aus. Dies ist keine triumphierende, sondern eine betrübte Feststellung. Eine Figur von heute durch Züge, eine Handlung von heute durch Motive zu klären, die zur Zeit unserer Väter noch ausgereicht hätten, ist unmöglich. Wir haben uns (provisorisch) damit geholfen, die Motive überhaupt nicht zu untersuchen (Beispiel: »Im Dickicht der Städte«, »Ostpolzug«), um wenigstens nicht falsche anzugeben, und haben die Handlungen als bloße Phänomene dargestellt, wir werden die Figuren wahrscheinlich eine Zeitlang ohne Züge darstellen müssen, ebenfalls provisorisch.

4

All dies, das heißt diese ganzen Fragen betreffen natürlich nur das ernsthafte Bemühen um das *große* Drama, das heute vom mittelmäßigen Unterhaltungsdrama lange nicht sorgfältig genug geschieden wird.

Haben wir uns in den Stoffen einigermaßen orientiert, können wir zu den Beziehungen übergehen, die heute ungeheuer kompliziert sind und nur durch *Form* vereinfacht werden können. Diese Form aber kann nur durch eine völlige Änderung der Zwecksetzung der Kunst erlangt werden. Erst der neue Zweck macht die Kunst. Der neue Zweck heißt: Pädagogik.

1929

[Der Weg zum großen zeitgenössischen Theater]

1 Mißtrauischste Musterung

Wenn man den Weg betrachtet, der von unserm jetzigen Theater zu wirklich großem und wirklich zeitgenössischem Theater führen würde, scheint er einem so lang und beschwerlich, daß man die Leute, die ihn zu gehen scheinen, mehr als nach ihrem Kopf nach ihrer Beinmuskulatur fragen möchte. Vor allem werden sie danach ausgeforscht werden müssen, ob sie von der Länge dieses Weges genug überzeugt sind. Man wird leicht finden, daß nur wenige von ihnen dieser dringendsten aller Fragen gewachsen sind. Denn das Bürgertum, das durch seine Produktionsverhältnisse das Theater eindeutig bestimmt, sieht keinen langen Weg mehr vor sich, es hat nichts mehr zu erhoffen von Unternehmungen, die sehr lange dauern. Diese Klasse, die sicher nicht ohne Bosheit, aber ebenso sicher nicht nur aus Bosheit immer außerordentliche Opfer an Menschenkraft bringen muß, um ihren so bedrohten und so künstlichen status quo zu halten (nur um ihre berühmten Maschinen immer wieder auszubessern, rein um zu verhüten, daß sie plötzlich durch irgendeine der täglichen Erfindungen nichts mehr als Alteisenwert haben, muß diese Klasse immerfort akkumulieren, was die schrecklichsten und mit der Zeit ganz unmöglichen Opfer an Menschenmaterial bedeutet) – diese Klasse hat, immerfort ein Loch aufreißend, um das andere zu stopfen, bei so fortgeschrittener Zeit keine Möglichkeit mehr, ganz neue Grundpläne zu entwerfen oder nur zu diskutieren. Entsprechend ihrem wirtschaftlichen System der Varianten sind ihr auch in ihrem Oberbau nur mehr Varianten willkommen. Dadurch hat »das Neue« ein ganz eigentümliches und zweifellos höchst bedenkliches Charakteristikum bekommen. Als neu werden schon bloße Varianten aufgefaßt und, was schlimmer ist, nur mehr Varianten. Diese Auffassung ermöglicht es am besten, ohne weiteres zur Tagesunordnung überzugehen. In dieser Form – als Variante – wird dann aber auch alles gefressen, und *diese* Folge ist weitaus die unheilvollste für den ideologischen Überbau dieses gesellschaftlichen Zustandes: Diese leichte Verdauung ist kein Zeichen einer kräftigen Konstitution, sie ist der Beweis, daß der Körper nichts mehr ansetzen kann. Mit einer fast schreckhaften Erheiterung liest man die schlechte Presse, die bei uns jene vielleicht letzte Demonstration bürgerlicher Widerstandskraft, der Daytoner Affenprozeß, gefunden hat; diese Leute lachen noch über die Schwierigkeit, die ein etwas gesünderes Volk darin findet, eine seiner vitalen Grundlagen erschüttert zu sehen. Gleichgültig und ahnungslos nahmen sie selber alle jene Entdeckungen auf, die die Veränderung der Welt zeigen, sie sind es nicht mehr, die die Konsequenzen ziehen werden. Aber was kümmert uns dieser übersättigte und appetitlose Körper, er ist sowieso verloren. Uns kümmert zunächst die große Unannehmlichkeit, die darin liegt, daß er für unsere Arbeiten keine Kontrolle mehr bietet oder vielmehr: eine falsche. Denn so schwierig es ist, sich in seinen Arbeiten von der ganzen bürgerlichen Ideologie zu befreien – was einzig und allein durch ständige Kontrolle des Unterbaus geschehen könnte –, schwieriger ist es noch, jenen Verunstaltungen unschuldig zu entrinnen, welche sie unsern schon fertiggestellten Arbeiten zufügt. Die Welt wurde verändert dadurch, daß die Repräsentanten von etwas Neuem leidenschaftlich bestrebt waren, die Konsequenzen zu ziehen. Müssen sie nicht vernichtet werden dadurch, daß keine Konsequenz mehr gezogen werden kann? Die Möglichkeit, ideologisch zu arbeiten, hängt heute von der Erkenntnis ab, daß die Aufnahme unserer Arbeiten, wie immer sie sein mag, nichts mehr besagt, daß der Weg bis zur *Verwirklichung* unserer Arbeiten ungeheuer, ja unübersehbar lang ist und daß die Verwirklichung *organisiert* werden muß.

2 Theorie über eine Tradition

In der Sphäre der Varianten gibt es keine Tradition, gibt es nur Aktion und Reaktion, das heißt gibt es nur Reaktionen. Hin und her springt das Pendel. Was zu führen scheint, ist die Opposition, sie verdankt ihr Dasein der Übersättigung. Klassik und Romantik, Impressionismus und Expressionismus sind Reaktionen.

Handelt es sich jedoch um wirkliche, revolutionäre Fortführung, so ist Tradition nötig. Klassen und Richtungen, die auf dem Marsch sind, müssen versuchen, ihre Geschichte in Ordnung zu bringen; sie haben nichts zu erwarten von Differenzierungen, sie werden gefährdet durch jenen trügerischen Reichtum von Nuancen, den sich die herrschenden Klassen und Richtungen leisten können – wenn sie sonst nichts mehr haben.

Wenn wir, um ein Beispiel in die Hand zu bekommen, aus der dramatischen Literatur des letzten Jahrhunderts (1830 bis 1930) unter ihren vielen Tendenzen etwa die zur epischen Darstellung herausfischen, so tun wir das auf der Suche nach Tradition. Tatsächlich hat der Naturalismus dadurch, daß er die großen bürgerlichen (französischen und russischen) Romane auf die Theater transportierte – übrigens ohne die formalen Konsequenzen zu ziehen wie gewöhnlich –, dem Drama einige epische Elemente einverleibt, dies übrigens sehr gegen seinen Willen. Die Vorwürfe, die sich gerade dagegen (daß er »undramatisch«, »bühnenunwirksam«, »schwach in der Spannung« und so weiter war) richteten, haben ihn rasch dazu gebracht, seine eigentlichen Tendenzen zu verraten und aufzugeben. (Es war nicht schade um sie, wenn wir ihnen auch das Stück »Die Weber« verdanken, das durch seinen Stoff immerhin eine Ausnahmestellung verdient.) Gerade diese Vorwürfe müßten wir Jüngeren uns wirklich zu verdienen suchen. Die Form des neuen kollektivistischen Theaters kann nur episch sein.

Das alles heißt nicht, daß hier Vorbilder wären. Und dieser Satz wieder will nicht sagen, daß wir jene aus einem anderen Grund ablehnten, als weil sie nichts wert sind, etwa deshalb, weil wir uns der Vorbilder schämten. Wir müssen im Gegenteil auch auf Vorbilder bedacht sein. Sie sind nur schwer zu finden – und bestimmt nicht in unserer räumlichen oder zeitlichen Umgebung.

Man muß sich klarmachen, daß die erbärmliche Angst dieser Epoche, man könnte an ihrer Originalität zweifeln, mit ihrem schäbigen Besitzbegriff zusammenhängt. Gerade ihre Originalität würde diesen Nuancen des Hochkapitalismus niemand bestreiten wollen, der immerhin dankbar dafür ist, daß die Menschheit »für gewöhnlich« doch anders ist. Scheinen doch diese nur zu schreiben, um Plagiate zu vermeiden. Und je ähnlicher sie einander sind, die mit der mechanistischen Tendenz ihrer Zeit nicht fertig werden, weil sie ihr nichts entgegen und nichts zur Verfügung zu stellen haben, desto mehr sind sie bemüht, sich voneinander zu unterscheiden. Tatsächlich sind sie auch ausnahmslos ohne Vorbilder, nicht einmal der Mensch ist unter ihren Ahnen. Wir, die wir nicht die rührenden Züge der einzelnen aufzunotieren haben, die ein unverständlicher Mechanismus ihnen erpreßt, sondern die großen Typen, die diesem Mechanismus gegenüberstehen und mit ihm handeln, haben kein Interesse an eigener Originalität. Und wir brauchen vor allem, was die Form anlangt, Vorbilder.

Wie wir es begründen müssen: wir haben das »asiatische« Vorbild.

3 Das »asiatische« Vorbild

In unaufhörlichem Kampf stehend mit der Denkart unserer Leser, sind wir gezwungen, immerfort die Vorstellungen zu zerstören, die wir durch gewisse Wörter und Begriffe in ihnen auslösen. Eine vollständige Liste all dessen, um was es sich etwa bei »asiatischem Vorbild für das Theater« *nicht* handeln kann, ergäbe unsere trostlos isolierte Stellung: Es ist dem heute Schreibenden beinahe unmöglich, die Assoziationen des Lesers genügend zu kontrollieren. Sehr schwierig ist es etwa schon, jene pompöse und exotische Fassade zu demolieren, die bei dem Wort »asiatisch« vor dem »geistigen Auge« nicht nur eines *mittleren* Lesers auftauchen mag. Dabei ist der Begriff »exotisch« in der Epoche des schrankenlosen Imperialismus schon überholt – unsere Kaufleute empfinden japanische Geschäftshäuser längst nicht mehr so wie unsere Reiseschriftsteller und Regisseure: als mystische Schlupfwinkel mit Klapptüren und Gongs. Nehme man also an, daß auch für uns der Reiz so wenig wie für unsere Importfirmen im »Exotischen« dieses »Milieus« liegt. Und, um noch einem Mißverständnis von vielen möglichen vorzubeugen, es handelt sich auch nicht um jenes aus einer Reihe von billigen Büchern bekannte »Asien, in dem man dreißig Jahre gelebt haben muß, um zu begreifen, daß man es nicht begreifen kann«. Es ist keineswegs »diese große Angelegenheit Asien« gemeint, die »so groß und unerreichbar und uns so unendlich überlegen« ist, daß wir auf sie ebenso verzichten müssen wie auf die Heiligkeit des Franz von Assisi: Man sieht, wir wollen nicht, daß man uns Falsches unterschiebt. Man wird sehen, daß es uns weit gleichgültiger ist, wenn wir selber dem asiatischen Theater Falsches unterschieben sollten. Aber obwohl wir, was dieses Theater betrifft, nichts kennen als ein paar Bühnenphotos japanischer Dramen, einige Ausführungen etwa darüber, daß diese Dramatiker Stücke von zwölf Stunden Länge schreiben und anordnen, daß vor einer Eifersuchtsszene gelbe und einer Jähzornsszene grüne Fahnen aufgezogen werden, und die »feuilletonistische« Beschreibung eines Tokioer Zuschauerraumes, in dem Tee getrunken und geraucht wird, müssen wir doch betonen, daß dies ein sehr großes Vorbild ist, nicht um uns großer Vorsätze zu rühmen, sondern um die Liebhaber von Nuancen zu warnen. Tatsächlich ein Beweis unserer Armut; bei der Musterung aller Elemente, die wir zum Aufbau unserer großen dramatischen Kunst verwenden könnten, finden wir nur diese: ein paar Photos, Beschreibungen und kleine Anweisungen uns fremder Regie. Vielleicht noch, was wir an *zeremoniellem Gestus* in Wachtangows Dybukaufführung ergattert haben und – um dem Begriff »asiatisch« vollends den letzten exotischen Pomp zu nehmen: die »niedrigen« Aufführungen des Münchner Lokalkomikers Karl Valentin, die also etwas »Asiatisches« haben sollen, wenn man uns verstehen will.

1930, fragmentarisch

[Sowjettheater und proletarisches Theater]

1

Die Lektüre der deutschen Theaterkritiken über Meyerhold wirkt sehr niederdrückend. Für Eindruckssammler scheint die historische Stellung des Meyerholdschen Experimentes innerhalb der Versuche zu einem großen rationelleren Theater uninteressant zu sein. Für solche ist es gleichgültig, wie großartig alle Begriffe hier zurechtgerückt sind, gleichgültig, daß hier über die gesellschaftliche Funktion des Theaters eine wirkliche Theorie besteht. Sie wünschen gar nicht das Resultat vieler Diskussionen zu diskutieren: Sie bestehen stur auf ihrem »Erlebnis«.

2

Fast am meisten verstimmt hat hier die Darstellung der Engländer in China. Die Russen zeigen in »Brülle, China!« allzu wenig Interesse für die eventuelle Nettigkeit der Engländer im privaten Umgang! Als ob es nötig wäre, in einem Stück über die Bluttaten des Königs Attila seine Kinderliebheit besonders zu [zeigen].

1930, fragmentarisch

[Über die deutsche revolutionäre Dramatik]

In den anderthalb Jahrzehnten, die auf den Weltkrieg folgten, erlebte die deutsche Dramatik einen gewissen Aufschwung. Sie wurde zum Sprachrohr jener tief unzufriedenen Schichten, die mehr und mehr daran zweifelten, daß die [herrschende bourgeoise Klasse willens oder imstande sei, das ungeheure Elend zu beseitigen. Die deutsche revolutionäre Dramatik bemühte sich, die Wahrheit über die Zustände des Landes aufzudecken][1]. Unter der Benützung ganz bestimmter Begriffe, die in den Schulen, während der militärischen Ausbildung, in der bürgerlichen Presse in die Köpfe der Menschen eingehämmert worden waren und noch weiter eingehämmert wurden, war der imperialistische Krieg geführt worden, der zehn Millionen Menschen das Leben gekostet und nur den Interessen winziger Gruppen von Exploiteuren gedient hatte. Diese Begriffe mußten nun zertrümmert werden. Und zur Zertrümmerung dieser Begriffe bildete die revolutionäre Dramatik zusammen mit dem revolutionären Theater bestimmte Methoden aus, die nicht viel weniger durchdacht sein mußten als die Methoden zur Zertrümmerung der Atome in der Physik. Nur in ganz bestimmter Beleuchtung wurden die wahren Zusammenhänge zwischen dem entsetzlichen Wachstum des Elends und der Herrschaft der Bourgeoisie erkennbar. Es ist klar, daß die revolutionäre Dramatik, je mehr sie fähig wurde, ihren Zuhörern die Wahrheit aufzudecken, desto mehr die besondere Aufmerksamkeit der Polizei erregte. Der Polizist wurde ihr interessiertester Kritiker.

Die Entwicklung des revolutionären deutschen Theaters und der deutschen revolutionären Dramatik wurde durch den Faschismus abgebrochen. Das Theater *Piscators*, das eine Generation von Dramatikern organisiert hatte, wurde systematisch ruiniert, das Theater am Schiffbauerdamm, das solche begabten Schauspieler wie *Oskar Homolka, Lotte Lenya, Peter Lorre, Carola Neher* und *Helene Weigel* zu einem En-

1 [Der in Klammern gesetzte Text ist im Typoskript gestrichen, ohne daß dafür eine andere Textvariante eingefügt wurde.]

semble vereinigte, ging ein, und die Volksbühne, auch noch eine Zeitlang nach dem Abgang Piscators ein Theater von Rang, wenn auch nicht von politischem Profil, geriet in die Hände gesinnungsloser Routiniers. Unter großen Schwierigkeiten finanzieller und polizeilicher Art führten kleine Truppen den Kampf gegen die anwachsende Reaktion weiter.

Eine Dramatisierung der *Gorkischen* »Mutter« lehrte den illegalen revolutionären Kampf, die Herstellung und Vertreibung von Flugblättern, Konspiration in Gefängnissen, versteckte Bekämpfung der Kriegsideologie. Die Darstellerin der Mutter, *Helene Weigel,* wurde von der bürgerlichen Presse ihrer Leistung wegen noch zu den größten deutschen Schauspielern gezählt, aber in der Vorstellung waren immer mehr Polizeibeamte, und am Ende wurde sie von der Bühne herunter verhaftet. Das war eine große Anerkennung von seiten des bürgerlichen Staates für eine große revolutionäre Schauspielerin, aber ihre Tätigkeit war beendet! – Auch die revolutionären Schauspielerkollektive und Agitproptruppen, wie zum Beispiel die des hervorragenden *Maxim Vallentin,* und die großen proletarischen Sängerorganisationen kämpften bis zuletzt. Die Veranstalter einer mitteldeutschen Aufführung der »Maßnahme« mit der Musik *Hanns Eislers* wurden verhaftet. Der Prozeß gegen sie, ausgedehnt auf die Verfasser, begann am Reichsgericht zu rollen. Dann kam der offene Faschismus. Schauspieler und Regisseure wurden festgenommen, andere emigrierten.

Im Gegensatz zum deutschen revolutionären Theater, das durch den Faschismus in Deutschland vorläufig ruiniert werden konnte, ist die revolutionäre Dramatik an der Weiterarbeit weniger zu hindern. Mit ihrem Schaffen steht sie dem Sowjettheater zur Seite, diesem so überaus lebendigen und allem Neuen aufgeschlossenen, heute fortschrittlichsten Theater der Welt. Die gesellschaftlichen, revolutionären Aufgaben der Dramatik und ihre Verantwortung zur Revolution haben sich noch vermehrt.

1935

Thesen über die Aufgabe der Einfühlung in den theatralischen Künsten

1

Das zeitgenössische Theater geht von der Annahme aus, daß die Übermittlung eines theatralischen Kunstwerks an den Zuschauer nur so vonstatten gehen kann, daß der Zuschauer sich in die Stückfiguren einfühlt. Es kennt keinen anderen Weg der Übermittlung eines Kunstwerks und beschränkt den Ausbau seiner Technik auf die Vervollkommnung der Methoden, durch welche eine solche Einfühlung herbeigeführt werden kann.

2

Auch der gesamte Aufbau der Bühne, ob naturalistisch oder andeutend vorgenommen, soll die möglichst restlose Einfühlung des Zuschauers in das dargestellte Milieu erzwingen.

3

Diese Einfühlung (Identifikation), ein gesellschaftliches Phänomen, das für eine bestimmte geschichtliche Epoche einen großen Fortschritt bedeutete, wird zunehmend ein Hindernis für die weitere Entwicklung der gesellschaftlichen Funktion der darstellenden Künste. Das heraufkommende Bürgertum, das mit der wirtschaftlichen Emanzipation der Einzelpersönlichkeit die Produktivkräfte zu mächtiger Entfaltung brachte, war an dieser Identifikation in seiner Kunst interessiert. Heute, wo die »freie« Einzelpersönlichkeit zum Hindernis einer weiteren Entfaltung der Produktivkräfte geworden ist, hat die Einfühlungstechnik der Kunst ihre Berechtigung eingebüßt. Die Einzelpersönlichkeit hat ihre Funktion an die großen Kollektive abzutreten, was unter schweren Kämpfen vor unsern Augen vor sich geht. Vom Standpunkt der Einzelpersönlichkeiten aus können die entscheidenden Vorgänge unseres Zeitalters nicht mehr begriffen, durch Einzelpersönlichkeiten können sie nicht mehr beeinflußt werden. Damit fallen die Vorteile der Einfühlungstechnik, jedoch fällt mit der Einfühlungstechnik keineswegs die Kunst.

4

Die Versuche, die Einfühlungstechnik so umzugestalten, daß die Identifikation nunmehr in Kollektiven (Klassen) vor sich geht, sind nicht aussichtsreich. Sie führen zu unrealistischen Vergröberungen und Abstraktionen der Personen und Kollektive zugleich. Die Rolle der Einzelpersönlichkeit im Kollektiv wird undarstellbar, obgleich gerade sie von größter Bedeutung ist.

5

Die theatralischen Künste stehen vor der Aufgabe, eine neue Form der Übermittlung des Kunstwerks an den Zuschauer auszugestalten. Sie müssen ihr Monopol auf die keinen Widerspruch und keine Kritik duldende Führung des Zuschauers aufgeben und Darstellungen des gesellschaftlichen Zusammenlebens der Menschen anstreben, die dem Zuschauer eine kritische, eventuell widersprechende Haltung sowohl den dargestellten Vorgängen als auch der Darstellung gegenüber ermöglichen, ja organisieren.

6

Die Vorgänge sind also dem Zuschauer zunächst in ihrer Erstaunlichkeit und Befremdlichkeit zu übermitteln. Dies ist nötig, damit sie nach ihrer beherrschbaren Seite hin vorgestellt werden, aus bekannten zu erkannten werden können.

7

Die theatralischen Künste liquidieren damit die Reste des Kultischen, die ihnen noch aus früheren Epochen anhaften, treten aber auch aus dem Stadium, in dem sie die Welt interpretieren halfen, in das Stadium, in dem sie sie verändern helfen.

8

Diese gesellschaftliche Umfunktionierung macht einen völligen Umbau der Technik nötig.

9

Jedoch entfernt sie keineswegs, wie das befürchtet werden mag, die Gefühle aus der Kunst. Sie verändert allerdings schonungslos die gesellschaftliche Rolle der Emotionen, welche diese heute zum Vorteil der Herrschenden spielen. Mit der Entfernung der Einfühlung aus ihrer beherrschenden Stellung fallen nicht die gefühlsmäßigen Reaktionen, welche von den Interessen herrühren und sie fördern. Gerade die Einfühlungstechnik gestattet es, gefühlsmäßige Reaktionen zu veranstalten, welche mit den Interessen nichts zu tun haben. Eine auf die Einfühlung weitgehend verzichtende Darstellung wird eine Parteinahme auf Grund erkannter Interessen gestatten, und zwar eine Parteinahme, deren gefühlsmäßige Seite im Einklang steht mit ihrer kritischen Seite.

Die Kunst, die Welt so zu zeigen, daß sie beherrschbar wird

Leute, die die Welt so zeigen wollen, daß sie beherrschbar wird, tun gut, zunächst nicht von Kunst zu reden, sich nicht nach den Geboten der Kunst zu richten, nicht Kunst anzustreben. Beauftragen sie nämlich »die Kunst« mit einer solchen Aufgabe, dann können sie höchstens unerquickliche Kompromisse zustande bringen, »die Kunst« kann dann nur soundso weit gehen, ohne aufzuhören, »die Kunst« zu sein, sie selber sehen sich immerfort gezwungen, ihre Absichten innerhalb des Bezirkes »der Kunst« zu fördern; »die Kunst«, diese alte, ruhmreiche, erfahrene und mit Institutionen und gelernten Fachleuten versehene Macht, wird mürrisch darauf eingehen, einige dieser neueren Tendenzen unter ihren anderen älteren Tendenzen mit zu vertreten; unsere Philosophen aber werden alle diese alten Tendenzen mit bedienen müssen. Verzichten sie aber zunächst darauf, von Kunst zu reden, sich nach den Geboten der Kunst zu richten, Kunst anzustreben, so werden sie ihre Sache rücksichtslos fördern können und dennoch nicht auf die Dienste der Kunst völlig verzichten müssen; denn sie können für ihre Zwecke, allerdings nach genauer Prüfung, allerlei Erfahrungen, Fachkenntnisse, Institutionen der Kunst frei benutzen. Immer nur dort Kunst einsetzend, wo sie für ihre Absichten nötig ist, werden sie eine Kunst aufbauen; denn es wird zweifellos eine Kunst sein, die Welt so darzustellen, daß sie beherrschbar wird.

Über die Verwendung von Musik für
ein episches Theater

Für episches Theater wurde, soweit es meine eigene Produktion betrifft[1], in folgenden Stücken Musik verwendet: »Trommeln in der Nacht«, »Lebenslauf des asozialen Baal«, »Leben Eduards des Zweiten von England«, »Mahagonny«, »Die Dreigroschenoper«, »Die Mutter«, »Die Rundköpfe und die Spitzköpfe«.

In den ersten paar Stücken wurde Musik in ziemlich landläufiger Form verwendet; es handelte sich um Lieder oder Märsche, und es fehlte kaum je eine naturalistische Motivierung dieser Musikstücke. Jedoch wurde durch die Einführung der Musik immerhin mit der damaligen dramatischen Konvention gebrochen: das Drama wurde an Gewicht leichter, sozusagen eleganter; die Darbietungen der Theater gewannen artistischen Charakter. Die Enge, Dumpfheit und Zähflüssigkeit der impressionistischen und die manische Einseitigkeit der expressionistischen Dramen wurde schon einfach dadurch durch die Musik angegriffen, daß sie Abwechslung hineinbrachte. Zugleich ermöglichte die Musik etwas, was schon lange nicht mehr selbstverständlich war, nämlich »poetisches Theater«. Diese Musik schrieb ich noch selbst. Fünf Jahre später schrieb sie für die zweite Berliner Aufführung der Komödie »Mann ist Mann« am Staatstheater Kurt Weill. Die Musik hatte nunmehr Kunstcharakter (Selbstwert). Das Stück enthält Knockaboutkomik, und Weill montierte eine kleine Nachtmusik ein, zu der Projektionen von Caspar Neher gezeigt wurden, außerdem eine Schlachtmusik und ein Lied, dessen Strophen bei dem offenen Umbau der Szene gesungen wurden. Aber inzwischen waren schon die ersten Theorien über die *Trennung der Elemente* aufgestellt worden.

Die Aufführung der »Dreigroschenoper« 1928 war die erfolgreichste Demonstration des epischen Theaters. Sie brachte eine erste Verwendung von Bühnenmusik nach neueren Ge-

---

[1] Auch Piscator verwendet Musik, und zwar im »Kaufmann von Berlin« (Eisler), in »Konjunktur« (Weill), »Hoppla, wir leben!« (Meisel).

sichtspunkten. Ihre auffälligste Neuerung bestand darin, daß die musikalischen von den übrigen Darbietungen streng getrennt waren. Dies wurde schon äußerlich dadurch bemerkbar, daß das kleine Orchester sichtbar auf der Bühne aufgebaut war. Für das Singen der Songs wurde ein Lichtwechsel vorgenommen, das Orchester wurde beleuchtet, und auf der Leinwand des Hintergrunds erschienen die Titel der einzelnen Nummern, etwa »Lied über die Unzulänglichkeit menschlichen Strebens« oder »Fräulein Polly Peachum gesteht in einem kleinen Lied ihren entsetzten Eltern ihre Verheiratung mit dem Räuber Macheath« – und die Schauspieler nahmen für die Nummer einen Stellungswechsel vor. Es gab Duette, Terzette, Solonummern und Chorfinales. Die Musikstücke, in denen das balladeske Moment vorherrschte, waren meditierender und moralisierender Art. Das Stück zeigte die enge Verwandtschaft zwischen dem Gemütsleben der Bourgeois und dem der Straßenräuber. Die Straßenräuber zeigten, auch in der Musik, daß ihre Empfindungen, Gefühle und Vorurteile dieselben waren wie die des durchschnittlichen Bürgers und Theaterbesuchers. Ein Thema war etwa die Beweisführung, daß nur der angenehm lebe, der im Wohlstand lebe, wenn dabei auch auf manches »Höhere« verzichtet werden müsse. In einem Liebesduett wurde auseinandergesetzt, daß äußere Umstände, wie die soziale Herkunft der Partner oder ihre Vermögensanlage auf die Wahl des Ehegatten, keinen Einfluß haben dürften! In einem Terzett wurde das Bedauern darüber ausgedrückt, daß die Unsicherheit auf diesem Planeten es dem Menschen nicht möglich macht, seinem natürlichen Hang zur Güte und zu anständigem Benehmen nachzugeben. Das zarteste und innigste Liebeslied des Stückes beschrieb die immerwährende unzerstörbare Neigung zwischen einem Zuhälter und seiner Braut. Die Liebenden besangen nicht ohne Rührung ihren kleinen Haushalt, das Bordell. Die Musik arbeitete so, gerade indem sie sich rein gefühlsmäßig gebärdete und auf keinen der üblichen narkotischen Reize verzichtete, an der Enthüllung der bürgerlichen Ideologien mit. Sie wurde sozusagen zur Schmutzaufwirblerin, Provokatorin und Denunziantin. Diese Songs gewannen eine große Verbreitung, ihre Losungen tauchten in Leitartikeln und Reden auf. Viele Leute sangen sie zu Klavierbegleitung oder nach Orchesterplatten, so wie sie Operettenschlager zu singen pflegten.

Der Song dieser Art wurde kreiert, als ich Weill aufforderte, für die Baden-Badener Musikfestwoche 1927, wo Operneinakter gezeigt werden sollten, einfach ein halbes Dutzend schon vorliegender Songs neu zu vertonen. Weill hatte bis dahin ziemlich komplizierte, hauptsächlich psychologisierende Musik geschrieben, und als er in die Komposition mehr oder weniger banaler Songtexte einwilligte, brach er mutig mit einem zähen Vorurteil der kompakten Majorität ernsthafter Komponisten. Der Erfolg dieser Anwendung moderner Musik für den Song war bedeutend. Worin bestand das eigentliche Neue dieser Musik, wenn man von ihrer bisher ungewohnten Verwendungsart absieht?

Das epische Theater ist hauptsächlich interessiert an dem Verhalten der Menschen zueinander, *wo es sozialhistorisch bedeutend (typisch) ist.* Es arbeitet Szenen heraus, in denen Menschen sich so verhalten, daß die sozialen Gesetze, unter denen sie stehen, sichtbar werden. Dabei müssen praktikable Definitionen gefunden werden, das heißt solche Definitionen der interessierenden Prozesse, durch deren Benutzung in diese Prozesse eingegriffen werden kann. Das Interesse des epischen Theaters ist also ein eminent praktisches. Das menschliche Verhalten wird als veränderlich gezeigt, der Mensch als abhängig von gewissen ökonomisch-politischen Verhältnissen und zugleich als fähig, sie zu verändern. Um ein Beispiel zu geben: Eine Szene, in der drei Männer von einem vierten Mann zu einem bestimmten illegalen Zweck gemietet werden (»Mann ist Mann«), muß vom epischen Theater so geschildert werden, daß man sich das dabei zum Ausdruck kommende Verhalten der vier Männer auch anders vorstellen kann, das heißt, daß man entweder sich politisch-ökonomische Verhältnisse vorstellen kann, unter denen diese Männer anders sprechen würden, oder eine Haltung dieser Männer den gegebenen Verhältnissen gegenüber, die sie ebenfalls anders sprechen ließe. Kurz, der Zuschauer erhält die Gelegenheit zur Kritik menschlichen Verhaltens vom gesellschaftlichen Standpunkt aus, und die Szene wird als historische Szene gespielt. Der Zuschauer soll also in der Lage sein, Vergleiche anzustellen, was die menschlichen Verhaltungsweisen anbetrifft.

Dies bedeutet, vom Standpunkt der Ästhetik aus, daß der Gestus der Schauspieler besonders wichtig wird. Es handelt sich für die Kunst um eine Kultivierung des Gestus. (Selbstverständlich handelt es sich um gesellschaftlich bedeutsame Gestik, nicht um illustrierende und expressive Gestik.) Das mimische Prinzip wird sozusagen vom gestischen Prinzip abgelöst.

Dies kennzeichnet eine große Umwälzung der Dramatik. Die Dramatik folgt auch in unseren Zeiten noch den Rezepten des Aristoteles zur Erzeugung der sogenannten Katharsis (seelischen Reinigung des Zuschauers). In der aristotelischen Dramatik wird der Held durch die Handlungen in Lagen versetzt, in denen er sein innerstes Wesen offenbart. Alle gezeigten Ereignisse verfolgen den Zweck, den Helden in seelische Konflikte zu treiben. Es ist ein vielleicht blasphemischer, aber nützlicher Vergleich, wenn man hier an die Broadway-Burleske denkt, wo das Publikum, sein »Take it off!« brüllend, die Mädchen zur immer kompletteren Schaustellung ihres Körpers zwingt. Das Individuum, dessen innerstes Wesen herausgetrieben wird, steht dann natürlich für »den Menschen schlechthin«. Jeder (auch jeder Zuschauer) würde da dem Zwang der vorgeführten Ereignisse folgen, so daß man, praktisch gesprochen, bei einer »Ödipus«-Aufführung einen Zuschauerraum voll von kleinen Ödipussen, bei einer Aufführung des »Emperor Jones« einen Zuschauerraum voll von Emperor Jonesen hat. Nichtaristotelische Dramatik würde die Ereignisse, die sie vorführt, keineswegs zu einem unentrinnbaren Schicksal zusammenfassen und diesem den Menschen hilflos, wenn auch schön und bedeutsam reagierend, ausliefern, sie würde im Gegenteil gerade dieses »Schicksal« unter die Lupe nehmen und es als menschliche Machenschaften enthüllen.

Diese Erörterung, angeknüpft an die Untersuchung einiger kleiner Songs, könnte als etwas weitschweifend erscheinen, wenn nicht diese Songs die (eben noch sehr kleinen) Anfänge eines anderen, neuzeitlichen Theaters wären, oder der Anteil der Musik an diesem Theater. Der Charakter dieser Songmusik als einer sozusagen gestischen Musik kann kaum anders als durch solche Erörterungen erklärt werden, die den gesellschaftlichen Zweck der Neuerungen herausarbeiten. Praktisch gesprochen ist gestische Musik eine Musik, die dem Schauspieler ermöglicht, gewisse Grundgesten vorzuführen. Die sogenannte billige Musik ist besonders in Kabarett und Operette schon seit geraumer Zeit eine Art gestischer Musik. Die »ernste« Musik hingegen hält immer noch am Lyrismus fest und pflegt den individuellen Ausdruck.

Die Oper »Aufstieg und Fall der Stadt Mahagonny« zeigte die Anwendung der neuen Prinzipien in einer gewissen Breite. Ich möchte nicht unerwähnt lassen, daß meiner Meinung nach die Weillsche Musik zu dieser Oper nicht rein gestisch ist, sie enthält aber viele gestische Partien, jedenfalls genug, daß es zu einer ernstlichen Gefährdung des üblichen Operntypus kommt, den wir, in seiner heutigen Ausgabe, als rein kulinarische Oper bezeichnen können. Das Thema der Oper »Mahagonny« ist der Kulinarismus selbst, den Grund hierfür habe ich in einem Aufsatz »Anmerkungen zur Oper«[2] auseinandergesetzt. Dort ist auch auseinandergesetzt, daß und warum es unmöglich ist, in den kapitalistischen Ländern die Oper zu erneuern. Alle Neuerungen, die eingeführt werden, führen lediglich zur Zerstörung der Oper. Komponisten, die den Versuch unternehmen, die Oper zu erneuern, scheitern, wie Hindemith und Strawinsky, unvermeidlich am Opernapparat. Die großen Apparate, wie Oper, Schaubühne, Presse und so weiter, setzen ihre Auffassung sozusagen inkognito durch. Während sie schon längst die Kopfarbeit (hier Musik, Dichtung, Kritik und so weiter) noch mitverdienender – ökonomisch betrachtet, also mitherrschender, gesellschaftlich betrachtet schon proletaroider – Kopfarbeiter nur mehr zur Speisung ihrer Publikumsorganisationen verwerten, diese Arbeit also nach ihrer Art bewerten und in ihre Bahnen lenken, besteht bei den Kopfarbeitern selber immer noch die Fiktion, es handele sich bei dem ganzen Betrieb lediglich um die Auswertung ihrer Kopfarbeit, also um einen sekundären Vorgang, der auf ihre Arbeit keinen Einfluß hat, sondern ihr nur Einfluß verschafft. Diese bei Musikern, Schriftstellern und Kritikern herrschende Unklarheit über ihre Situation hat ungeheure Folgen, die viel zuwenig beachtet werden. Denn in der Meinung, sie seien im Besitz eines Apparates, der in Wirklichkeit sie besitzt, verteidigen sie einen Apparat, über den

2 [Siehe »Schriften zum Theater«, S. 1004 ff.]

sie keine Kontrolle mehr haben, der nicht mehr, wie sie noch glauben, Mittel für die Produzenten ist, sondern Mittel gegen die Produzenten wurde, also gegen ihre eigene Produktion (wo nämlich dieselbe eigene, neue, dem Apparat nicht gemäße oder ihm entgegengesetzte Tendenzen verfolgt). Ihre Produktion gewinnt Lieferantencharakter. Es entsteht ein Wertbegriff, der die Verwertung zur Grundlage hat. Und dies ergibt allgemein den Usus, jedes Kunstwerk auf seine Eignung für den Apparat hin zu überprüfen. Es wird gesagt: dies oder das Werk sei gut; und es wird gemeint, aber nicht gesagt: gut für den Apparat. Dieser Apparat aber ist durch die bestehende Gesellschaft bestimmt und nimmt nur auf, was ihn in dieser Gesellschaft am Leben erhält. Jede Neuerung, welche die gesellschaftliche Funktion dieses auch spätbürgerlichen Apparates, nämlich spätbürgerliche Abendunterhaltung, nicht bedrohte, könnte von ihm diskutiert werden. Nicht diskutiert werden können solche Neuerungen, die auf seinen Funktionswechsel drängen, die den Apparat also anders in die Gesellschaft stellen, etwa ihn den Lehranstalten oder den großen Publikationsorganen anschließen wollten. Die Gesellschaft nimmt durch den Apparat auf, was sie braucht, um sich selbst zu reproduzieren; durchgehen kann also auch nur eine »Neuerung«, welche zur Erneuerung, nicht aber Veränderung der bestehenden Gesellschaft führt – ob nun diese Gesellschaftsform gut oder schlecht ist. Die Künstler denken meist nicht daran, den Apparat zu ändern, weil sie glauben, einen Apparat in der Hand zu haben, der serviert, was sie frei erfinden, der sich also mit jedem ihrer Gedanken von selbst verändert. Aber sie erfinden nicht frei; der Apparat erfüllt mit ihnen oder ohne sie seine Funktion, die Theater spielen jeden Abend, die Zeitungen erscheinen xmal am Tag; und sie nehmen auf, was sie brauchen; und sie brauchen einfach ein bestimmtes Quantum Stoff.[3]

Die Gefahren vom Apparat her zeigte die New Yorker Aufführung der »Mutter«. Die Theatre Union unterschied sich durch ihre politische Einstellung beträchtlich von den Thea-

---

3 Die Produzenten aber sind völlig auf den Apparat angewiesen, wirtschaftlich und gesellschaftlich, er monopolisiert ihre Wirkung, und zunehmend nehmen die Produkte der Schriftsteller, Komponisten und Kritiker Rohstoffcharakter an: das Fertigprodukt stellt der Apparat her.

tern, welche die Oper »Mahagonny« aufführten. Dennoch reagierte der Apparat durchaus als ein Apparat zur Herstellung von Rauschwirkungen. Nicht nur das Stück, auch die Musik wurden dadurch verunstaltet und der lehrhafte Zweck zum größten Teil verfehlt. Bewußter als in irgendeinem anderen Stück des epischen Theaters wurde in der »Mutter« die Musik eingesetzt, um dem Zuschauer die oben geschilderte kritisch betrachtende Haltung zu verleihen. Die Musik Eislers ist keineswegs das, was man einfach nennt. Sie ist als Musik ziemlich kompliziert, und ich kenne keine ernsthaftere als sie. Sie ermöglichte in einer bewunderungswürdigen Weise gewisse Vereinfachungen schwierigster politischer Probleme, deren Lösung für das Proletariat lebensnotwendig ist. In dem kleinen Stück, in dem den Anschuldigungen, der Kommunismus bereite das Chaos, widersprochen wird, verschafft die Musik durch ihren freundlich beratenden Gestus sozusagen der Stimme der Vernunft Gehör. Dem Stück »Lob des Lernens«, das die Frage der Machtübernahme durch das Proletariat mit der Frage des Lernens verknüpft, gibt die Musik einen heroischen und doch natürlich heiteren Gestus. So wird auch der Schlußchor »Lob der Dialektik«, der sehr leicht als ein rein gefühlsmäßiger Triumphgesang wirken könnte, durch die Musik im Bereich des Vernünftigen gehalten. (Es ist ein oft auftauchender Irrtum, wenn behauptet wird, diese Art der – epischen – Darbietung verzichte schlechthin auf emotionelle Wirkung: Tatsächlich sind ihre Emotionen nur geklärt, vermeiden als Quelle das Unterbewußtsein und haben nichts mit Rausch zu tun.)
Wer glaubt, daß einer Massenbewegung, die sich der schrankenlosen Gewalt, Unterdrückung und Ausbeutung gegenübersieht, ein so strenger und zugleich so zarter und vernünftiger Gestus, wie ihn diese Musik propagiert, nicht angemessen sei, der hat eine wichtige Seite dieses Kampfes nicht begriffen. Es ist aber klar, daß die Wirkung einer solchen Musik sehr abhängt von der Art, wie sie gebracht wird. Erfassen schon die Schauspieler nicht ihren Gestus, so besteht wenig Hoffnung, daß sie ihre Funktion, bestimmte Haltungen des Zuschauers zu organisieren, erfüllen kann. Eine sorgfältige Erziehung und strenge Schulung unserer Arbeitertheater ist nötig, daß sie die ihnen hier gestellten Aufgaben

bewältigen und die ihnen hier gebotenen Möglichkeiten ausschöpfen können. Auch ihr Publikum muß eine bestimmte Schulung durch sie erfahren. Es muß gelingen, den Produktionsapparat des Arbeitertheaters herauszuhalten aus dem allgemeinen Rauschgifthandel des bürgerlichen Theaterbetriebes.

Zu dem Stück »Die Rundköpfe und die Spitzköpfe«, das sich, anders als die »Mutter«, an das »breitere« Publikum wendet und die reinen Unterhaltungsbedürfnisse mehr berücksichtigt, schrieb Eisler Songmusik. Auch diese Musik ist in einem gewissen Sinne philosophisch. Auch sie vermeidet narkotische Wirkungen, hauptsächlich indem sie die Lösung musikalischer Probleme verknüpft mit dem klaren und deutlichen Herausarbeiten des politischen und philosophischen Sinnes der Gedichte.

Aus dem Gesagten geht wohl schon hervor, welche Schwierigkeiten es für die Musik bedeutet, jene Aufgaben zu erfüllen, die ein episches Theater stellt.

Immer noch wird heute die »fortschrittliche« Musik für den Konzertsaal geschrieben. Ein einziger Blick auf die Zuhörer der Konzerte zeigt, wie unmöglich es ist, eine Musik, die solche Wirkungen hervorbringt, für politische und philosophische Zwecke zu verwenden. Wir sehen ganze Reihen in einen eigentümlichen Rauschzustand versetzter, völlig passiver, in sich versunkener, allem Anschein nach schwer vergifteter Menschen. Der stiere, glotzende Blick zeigt, daß diese Leute ihren unkontrollierten Gefühlsbewegungen willenlos und hilflos preisgegeben sind. Schweißausbrüche beweisen ihre Erschöpfung durch solche Exzesse. Der schlechteste Gangsterfilm behandelt seine Zuhörer mehr als denkende Wesen. Die Musik tritt auf als »das Schicksal schlechthin«. Als das überaus komplizierte, absolut nicht zu übersehende Schicksal dieser Zeit grauenvollster, bewußter Ausbeutung der Menschen durch den Menschen. Diese Musik hat nur mehr rein kulinarische Ambitionen. Sie verleitet den Zuhörer zu einem entnervenden, weil unfruchtbaren Genußakt. Keine Raffinements können mich davon überzeugen, daß ihre gesellschaftliche Funktion eine andere als die der Broadway-Burlesken ist.

Es ist nicht zu verkennen, daß unter den ernsthaften Komponisten heute schon eine Bewegung gegen diese depravierende

depravierend = im Wert herabsetzend 75

gesellschaftliche Funktion im Entstehen begriffen ist. Die Experimente, die innerhalb der Musik gemacht werden, nehmen nachgerade einen beträchtlichen Umfang an; nicht nur in der Art, wie das musikalische Material behandelt wird, auch im Hinblick auf die Erfassung neuer Konsumentenschichten tut die neuere Musik alles Mögliche. Dennoch gibt es eine ganze Reihe von Aufgaben, die sie noch nicht lösen kann und an deren Lösung sie nicht einmal arbeitet. Die Kunst, Epen zu musizieren, ist zum Beispiel ganz und gar verlorengegangen. Wir wissen nicht, wie die »Odyssee« und das »Nibelungenlied« musiziert wurden. Den Vortrag erzählender Dichtungen von einiger Länge können unsere Musiker nicht mehr ermöglichen. Die Schulungsmusik liegt ebenfalls darnieder, und es hat doch Zeiten gegeben, wo die Musik zu Heilungszwecken verwendet werden konnte! Unsere Komponisten überlassen das Studium der Wirkung ihrer Musik im allgemeinen den Gastwirten. Eines der wenigen Forschungsergebnisse, die ich im Laufe eines Jahrzehnts zu Augen bekam, war die Aussage eines Pariser Restaurateurs über die verschiedenartigen Bestellungen, welche die Gäste unter der Wirkung verschiedenartiger Musik vornahmen. Er glaubte herausgefunden zu haben, daß bei bestimmten Komponisten immer wieder ganz bestimmte Getränke konsumiert wurden. Tatsächlich würde das Theater sehr viel gewinnen, wenn die Musiker imstande wären, Musik zu liefern, die einigermaßen exakt bestimmbare Wirkungen auf den Zuschauer ausüben würden. Das würde die Schauspieler sehr entlasten; besonders wünschenswert wäre es zum Beispiel, daß die Schauspieler dann *gegen* die von der Musik erzeugte Stimmung spielen könnten. (Für die Probenarbeit an Stücken in gehobenem Stil ist, was an Musik vorhanden ist, eher genügend.) Der stumme Film brachte die Gelegenheit für einige Versuche von ganz bestimmte Gemütsbestimmungen schaffender Musik. Ich hörte interessante Stücke von Hindemith und vor allem Eisler. Eisler schrieb sogar Musik zu ganz konventionellen Unterhaltungsfilmen, und zwar sehr strenge Musik.
Aber der Tonfilm, als einer der blühenden Zweige des internationalen Rauschgifthandels, wird diese Experimente kaum noch lange fortsetzen.
Eine Aussicht für die moderne Musik eröffnet meiner Mei-

nung nach außer dem epischen Theater das *Lehrstück*. Zu einigen Modellen dieses Typus haben Weill, Hindemith und Eisler äußerst interessante Musik geschrieben. (Weill und Hindemith zusammen die Musik zu einem Radiolehrstück für Schulen, dem [»Ozeanflug«], Weill zu der Schuloper »Der Jasager«, Hindemith zum »Badener Lehrstück vom Einverständnis«, Eisler zur »Maßnahme«.)

1935

Vergnügungstheater oder Lehrtheater?

Wenn man vor einigen Jahren über modernes Theater sprach, dann nannte man das Moskauer, das New Yorker und das Berliner Theater. Vielleicht sprach man noch von einer oder der andern Aufführung Jouvets in Paris oder Cochrans in London oder der Dybuk-Darstellung der Habima, die eigentlich auch dem russischen Theater angehört, denn ihr Regisseur war Wachtangow; aber im großen ganzen gab es nur drei Theaterhauptstädte, was die Moderne betrifft.

Die russischen, amerikanischen und deutschen Theater unterschieden sich sehr stark voneinander, glichen sich aber darin, daß sie modern waren, das heißt technische und artistische Neuerungen einführten. In einem bestimmten Sinn kamen sie sogar zu Ähnlichkeiten im Stilistischen, und zwar wohl deshalb, weil die Technik international ist (nicht nur das von der Technik, was für die Bühne unmittelbar benötigt wird, sondern auch das, was auf sie Einfluß ausübt, wie zum Beispiel der Film) und weil es sich um große fortschrittliche Städte in großen Industrieländern handelte. In allerletzter Zeit schien in den hochkapitalistischen Ländern das Berliner Theater führend zu sein. In ihm kam das dem modernen Theater Gemeinsame eine Zeitlang zu stärkstem und vorläufig reifstem Ausdruck.

Die letzte Phase des Berliner Theaters, das damit, wie gesagt, nur die Entwicklungstendenz des modernen Theaters am reinsten aufzeigte, war das sogenannte *epische Theater*. Alles, was man Zeitstück oder Piscatorbühne oder Lehrstück nannte, gehört zum epischen Theater.

Das epische Theater

Das Wort »episches Theater« schien vielen als in sich widerspruchsvoll, da man nach dem Beispiel des Aristoteles die epische und die dramatische Form des Vortrags einer Fabel für grundverschieden voneinander hielt. Der Unterschied zwischen den beiden Formen wurde keinesfalls nur darin erblickt, daß die eine von lebenden Menschen vorgeführt wurde und die andere sich des Buches bediente – Werke der Epik wie diejenigen Homers und der mittelalterlichen Sänger waren ebenfalls theatralische Veranstaltungen, und Dramen wie der Goethesche »Faust« oder wie »Manfred« von Byron erreichten ihre höchste Wirkung zugestandenermaßen als Bücher –, der Unterschied zwischen der dramatischen und der epischen Form wurde schon nach Aristoteles in der verschiedenen Bauart erblickt, deren Gesetze in zwei verschiedenen Zweigen der Ästhetik behandelt wurden. Diese Bauart hing von der verschiedenen Art ab, in der die Werke dem Publikum geboten wurden, einmal durch die Bühne, einmal durch das Buch, aber es gab dann doch unabhängig davon »das Dramatische« auch in epischen Werken und »das Epische« in dramatischen. Der bürgerliche Roman entwickelt im vorigen Jahrhundert ziemlich viel »Dramatisches«, und man verstand darunter die starke Zentralisation einer Fabel, ein Moment des Aufeinanderangewiesenseins der einzelnen Teile. Eine gewisse Leidenschaftlichkeit des Vortrags, ein Herausarbeiten des Aufeinanderprallens der Kräfte kennzeichnete das »Dramatische«. Der Epiker Döblin gab ein vorzügliches Kennzeichen, als er sagte, Epik könne man im Gegensatz zu Dramatik sozusagen mit der Schere in einzelne Stücke schneiden, welche durchaus lebensfähig bleiben.

Es soll hier nicht auseinandergesetzt werden, wodurch die lange für unüberbrückbar angesehenen Gegensätze zwischen Epik und Dramatik ihre Starre verloren, es soll genügen, wenn darauf hingewiesen wird, daß schon durch technische Errungenschaften die Bühne instand gesetzt wurde, erzählende Elemente den dramatischen Darbietungen einzugliedern. Die Möglichkeit der Projektion, der größeren Verwandlungsfähigkeit der Bühne durch die Motorisierung, der Film vervollständigten die Ausrüstung der Bühne, und sie taten dies in einem Zeitpunkt, wo die wichtigsten Vorgänge unter Menschen nicht mehr so einfach dargestellt werden konnten, indem man die bewegenden Kräfte personifizierte oder die Personen unter unsichtbare metaphysische Kräfte stellte.

Zum Verständnis der Vorgänge war es nötig geworden, die Umwelt, in der die Menschen lebten, groß und »bedeutend« zur Geltung zu bringen.

Diese Umwelt war natürlich auch im bisherigen Drama gezeigt worden, jedoch nicht als selbständiges Element, sondern nur von der Mittelpunktsfigur des Dramas aus. Sie erstand aus der Reaktion des Helden auf sie. Sie wurde gesehen, wie der Sturm gesehen werden kann, wenn man auf einer Wasserfläche die Schiffe ihre Segel entfalten und die Segel sich biegen sieht. Im epischen Theater sollte sie aber nun selbständig in Erscheinung treten.

Die Bühne begann zu erzählen. Nicht mehr fehlte mit der vierten Wand zugleich der Erzähler. Nicht nur der Hintergrund nahm Stellung zu den Vorgängen auf der Bühne, indem er auf großen Tafeln gleichzeitige andere Vorgänge an andern Orten in die Erinnerung rief, Aussprüche von Personen durch projizierte Dokumente belegte oder widerlegte, zu abstrakten Gesprächen sinnlich faßbare, konkrete Zahlen lieferte, zu plastischen, aber in ihrem Sinn undeutlichen Vorgängen Zahlen und Sätze zur Verfügung stellte – auch die Schauspieler vollzogen die Verwandlung nicht vollständig, sondern hielten Abstand zu der von ihnen dargestellten Figur, ja forderten deutlich zur Kritik auf.

Von keiner Seite wurde es dem Zuschauer weiterhin ermöglicht, durch einfache Einfühlung in dramatische Personen sich kritiklos (und praktisch folgenlos) Erlebnissen hinzugeben. Die Darstellung setzte die Stoffe und Vorgänge einem Entfremdungsprozeß aus. Es war die Entfremdung, welche nötig ist, damit verstanden werden kann. Bei allem »Selbstverständlichen« wird auf das Verstehen einfach verzichtet.

Das »Natürliche« mußte das Moment des *Auffälligen* bekommen. Nur so konnten die Gesetze von Ursache und Wirkung zutage treten. Das Handeln der Menschen mußte zugleich so sein und mußte zugleich anders sein können.

Das waren große Änderungen.

Zwei Schemata[1]

Einige kleine Schemata mögen zeigen, worin sich die Funktion des epischen von der des dramatischen Theaters unterscheidet.

1 [Im Typoskript wurde die Gegenüberstellung aus den »Anmerkungen zur Oper ›Aufstieg und Fall der Stadt Mahagonny‹« verwendet, wie sie 1930 in Heft 2 der »Versuche« veröffentlicht waren. Das hier abgedruckte Schema berücksichtigt die Änderungen, die für die Malik-Ausgabe 1938 gemacht wurden.]

Dramatische Form des Theaters	Epische Form des Theaters
Die Bühne »verkörpert« einen Vorgang	sie erzählt ihn
verwickelt den Zuschauer in eine Aktion und	macht ihn zum Betrachter, aber
verbraucht seine Aktivität	weckt seine Aktivität
ermöglicht ihm Gefühle	erzwingt von ihm Entscheidungen
vermittelt ihm Erlebnisse	vermittelt ihm Kenntnisse
der Zuschauer wird in eine Handlung hineinversetzt	er wird ihr gegenübergesetzt
es wird mit Suggestion gearbeitet	es wird mit Argumenten gearbeitet
die Empfindungen werden konserviert	bis zu Erkenntnissen getrieben
der Mensch wird als bekannt vorausgesetzt	der Mensch ist Gegenstand der Untersuchung
der unveränderliche Mensch	der veränderliche und verändernde Mensch
Spannung auf den Ausgang	Spannung auf den Gang
eine Szene für die andere	jede Szene für sich
die Geschehnisse verlaufen linear	in Kurven
natura non facit saltus	facit saltus

die Welt, wie sie ist	die Welt, wie sie wird
was der Mensch soll	was der Mensch muß
seine Triebe	seine Beweggründe
das Denken bestimmt das Sein	das gesellschaftliche Sein bestimmt das Denken

Der Zuschauer des dramatischen Theaters sagt: Ja, das habe ich auch schon gefühlt. – So bin ich. – Das ist nur natürlich. – Das wird immer so sein. – Das Leid dieses Menschen erschüttert mich, weil es keinen Ausweg für ihn gibt. – Das ist große Kunst: da ist alles selbstverständlich. – Ich weine mit den Weinenden, ich lache mit den Lachenden.
Der Zuschauer des epischen Theaters sagt: Das hätte ich nicht gedacht. – So darf man es nicht machen. – Das ist höchst auffällig, fast nicht zu glauben. – Das muß aufhören. – Das Leid dieses Menschen erschüttert mich, weil es doch einen Ausweg für ihn gäbe. – Das ist große Kunst: da ist nichts selbstverständlich. – Ich lache über den Weinenden, ich weine über den Lachenden.

Das Lehrtheater

Die Bühne begann, lehrhaft zu wirken.
Das Öl, die Inflation, der Krieg, die sozialen Kämpfe, die Familie, die Religion, der Weizen, der Schlachtviehhandel wurden Gegenstände theatralischer Darstellung. Chöre klärten den Zuschauer über ihm unbekannte Sachverhalte auf. Filme zeigten montiert Vorgänge in aller Welt. Projektionen brachten statistisches Material. Indem die »Hintergründe« nach vorn traten, wurde das Handeln der Menschen der Kritik ausgesetzt. Es zeigte sich falsches und richtiges Handeln. Es zeigten sich Menschen, die wußten, was sie taten, und Menschen, die das nicht wußten. Das Theater wurde eine Angelegenheit für Philosophen, allerdings solcher Philosophen, die die Welt nicht nur zu erklären, sondern auch zu ändern wünschten. Es wurde also philosophiert; es wurde also ge-

lehrt. Und wo blieb das Amüsement? Wurde man wieder auf die Schulbank gesetzt, als Analphabet behandelt? Sollte man Examina bestehen, Zeugnisse erwerben?

Nach allgemeiner Ansicht besteht ein sehr starker Unterschied zwischen Lernen und sich Amüsieren. Das erstere mag nützlich sein, aber nur das letztere ist angenehm. Wir haben also das epische Theater gegen den Verdacht, es müsse eine höchst unangenehme, freudlose, ja anstrengende Angelegenheit sein, zu verteidigen.

Nun, wir können eigentlich nur sagen, daß der Gegensatz zwischen Lernen und sich Amüsieren kein naturnotwendiger zu sein braucht, keiner, der immer bestanden hat und immer bestehen muß.

Unzweifelhaft ist das Lernen, das wir aus der Schule, aus den Vorbereitungen zum Beruf und so weiter kennen, eine mühselige Sache. Aber man bedenke auch, unter was für Umständen und zu welchem Zweck es vorgeht. Es ist eigentlich ein Kauf. Das Wissen ist lediglich Ware. Sie wird erworben zum Zweck des Weiterverkaufs. Bei all denen, die der Schulbank entwachsen sind, muß das Lernen sozusagen in aller Heimlichkeit betrieben werden; denn der, welcher zugibt, noch zulernen zu müssen, entwertet sich als einer, der eben zuwenig weiß. Außerdem ist der Nutzen des Lernens sehr begrenzt durch Faktoren außerhalb des Willensbereichs des Lernenden. Es gibt die Arbeitslosigkeit, gegen die kein Wissen schützt. Es gibt die Arbeitsteilung, die ein Gesamtwissen unnötig und unmöglich macht. Das Lernen gehört vielfach zu den Mühen derer, die durch keine Mühen mehr weiterkommen. Es gibt nicht viel Wissen, das Macht verschafft, aber es gibt viel Wissen, das nur durch Macht verschafft wird.

Für die verschiedenen Volksschichten spielt das Lernen eine sehr verschiedene Rolle. Es gibt Schichten, die sich eine Verbesserung der Zustände nicht denken können; die Zustände scheinen ihnen gut genug für sie. Wie immer es mit dem Petroleum zugehen mag: sie gewinnen dadurch. Und: sie fühlen sich doch schon etwas bejahrt. Allzu viele Jahre können kaum mehr kommen. Wozu da noch viel lernen? Sie haben ihr letztes Wort schon gesprochen, hough. Aber es gibt auch Schichten, die »noch nicht dran waren«, die unzufrieden mit den Verhältnissen sind, ein ungeheures praktisches Interesse am Lernen haben, sich unbedingt orientieren wollen, wissen, daß sie ohne Lernen verloren sind – das sind die besten und begierigsten Lerner. Solche Unterschiede bestehen auch für Länder und Völker. Die Lust am Lernen hängt also von vielerlei ab; dennoch gibt es lustvolles Lernen, fröhliches und kämpferisches Lernen.

Gäbe es nicht solch amüsantes Lernen, dann wäre das Theater seiner ganzen Struktur nach nicht imstande, zu lehren.

Das Theater bleibt Theater, auch wenn es Lehrtheater ist, und soweit es gutes Theater ist, ist es amüsant.

Theater und Wissenschaft

»Aber was hat Wissenschaft mit Kunst zu tun? Wir wissen ganz gut, daß Wissenschaft amüsant sein kann, aber nicht alles, was amüsant ist, gehört auf das Theater.«

Ich habe oft, wenn ich auf die unschätzbaren Dienste hinwies, die die moderne Wissenschaft, richtig verwendet, der Kunst, besonders dem Theater leisten kann, zu hören bekommen, daß Kunst und Wissenschaft zwei schätzenswerte, aber völlig verschiedene Gebiete menschlicher Tätigkeit seien. Das ist natürlich ein schrecklicher Gemeinplatz, und man tut gut, immer schnell zu versichern, daß das ganz richtig ist, wie die meisten Gemeinplätze. Kunst und Wissenschaft wirken in sehr verschiedener Weise, abgemacht. Dennoch muß ich gestehen, so schlimm es klingen mag, daß ich ohne Benutzung einiger Wissenschaften als Künstler nicht auskomme. Das mag vielen ernste Zweifel an meinen künstlerischen Fähigkeiten erregen. Sie sind es gewohnt, in Dichtern einzigartige, ziemlich unnatürliche Wesen zu sehen, die mit wahrhaft göttlicher Sicherheit Dinge erkennen, welche andere nur mit großer Mühe und viel Fleiß erkennen können. Es ist natürlich unangenehm, zugeben zu müssen, daß man nicht zu diesen Begnadeten gehört. Aber man muß es zugeben. Man muß auch ablehnen, daß es sich bei den eingestandenen wissenschaftlichen Bemühungen um verzeihliche Nebenbeschäftigungen handelt, vorgenommen am Feierabend, nach getaner Arbeit. Man weiß ja, auch Goethe hat Naturkunde, Schiller Geschichte betrieben, man nimmt freundlicherweise an, als eine Art Marotte. Ich will diese beiden nicht ohne weiteres beschuldigen, sie hätten diese Wissenschaften für ihre dichterische Tätigkeit benötigt, ich will mich nicht mit ihnen entschuldigen, aber ich muß sagen, ich benötige die Wissenschaften. Und ich muß sogar zugeben, ich schaue allerhand Leute krumm an, von denen mir bekannt ist, daß sie nicht auf der Höhe der wissenschaftlichen Erkenntnis sind, das heißt daß sie singen, wie der Vogel singt, oder wie man sich vorstellt, daß der Vogel singt. Damit will ich nicht sagen, daß ich ein hübsches Gedicht über den Geschmack einer Flunder oder das Vergnügen einer Wasserpartie nur deshalb ablehne, weil sein Verfasser nicht Gastronomie oder Nautik studiert hat. Aber ich meine, daß die großen verwickelten Vorgänge in der Welt von Menschen, die nicht *alle* Hilfsmittel für ihr Verständnis herbeiziehen, nicht genügend erkannt werden können.

Nehmen wir an, es seien große Leidenschaften darzustellen oder Vorgänge, welche die Schicksale der Völker beeinflussen. Für eine solche Leidenschaft wird heute etwa der Machttrieb gehalten. Angenommen, ein Dichter »fühlte« diesen Trieb, er wollte einen Menschen zur Macht streben lassen – wie soll er nun den äußerst komplizierten Mechanismus in Erfahrung bringen, innerhalb dessen heute die Macht erkämpft wird? Ist sein Held ein Politiker, wie geht Politik, ist er ein Geschäftsmann, wie gehen Geschäfte vor sich? Und dann gibt es noch Dichter, die weit weniger als der Machttrieb der einzelnen gerade die Geschäfte und die Politik mit leidenschaftlichem Interesse erfüllen! Wie sollen sie sich die nötigen Kenntnisse verschaffen? Dadurch, daß sie herumgehen und die Augen offen halten, werden sie kaum genug in Erfahrung bringen, und das wäre immerhin schon mehr, als wenn sie nur die Augen in holdem Wahnsinn rollten! Die Gründung einer Zeitung wie des »Völkischen Beobachters« oder eines Geschäftes wie der Standard Oil ist eine ziemlich komplizierte Angelegenheit, und diese Dinge werden einem nicht ohne weiteres auf die Nase gebunden. Ein wichtiges Gebiet für die Dramatiker ist die Psychologie. Man nimmt an, daß, wenn nicht ein gewöhnlicher Mensch, so doch ein Dichter ohne weitere Belehrung imstande sein müßte, die Gründe ausfindig zu machen, die einen Menschen zu einem Mord veranlassen; er müßte »aus Eigenem« ein Bild von dem seelischen Zustand eines Mörders geben können. Man nimmt an, es genüge in einem solchen Fall, in sich selbst hineinzuschauen, und dann gibt es ja auch die Phantasie ... Aus einer Reihe von Gründen kann ich mich dieser angenehmen Hoffnung, ich könnte auf so bequeme Weise zurechtkommen, nicht mehr hingeben. Ich kann in mir selber nicht mehr alle Gründe finden, die, wie man aus Zeitungs- oder wissenschaftlichen Berichten ersieht, bei Menschen festgestellt werden. So wie der gewöhnliche Richter bei der Aburteilung kann auch ich mir nicht ohne weiteres ein ausreichendes Bild von dem seelischen Zustand eines Mörders machen. Die moderne Psychologie von der Psychoanalyse bis zum Behaviorismus verschafft mir Kenntnisse, die mir zu einer ganz anderen Beurteilung des Falles verhelfen, besonders wenn ich die Ergebnisse der Soziologie berücksichtige und die Ökonomie sowie die Geschichte nicht außer acht lasse. Man wird sagen: Das wird aber kompliziert. Ich muß antworten: Das *ist* kompliziert. Vielleicht wird man sich überzeugen lassen und mit mir darin übereinstimmen, daß ein ganzer Haufen Literatur reichlich primitiv ist, aber doch mit schwerer Sorge fragen: Wird da nicht solch ein Theaterabend eine ganz beängstigende Angelegenheit? Die Antwort darauf ist: nein.

Was immer an Wissen in einer Dichtung stecken mag, es muß völlig umgesetzt sein in Dichtung. Seine Verwertung befriedigt eben gerade das Vergnügen, welches vom Dichterischen bereitet wird. Allerdings, wenn es auch nicht jenes Vergnügen befriedigt, das vom Wissenschaftlichen befriedigt wird, so ist doch eine gewisse Geneigtheit für ein tieferes Eindringen in die Dinge, ein Wunsch, die Welt beherrschbar zu machen, vonnöten, um zu einer Zeit, die eben eine Zeit großer Entdeckungen und Erfindungen ist, sich des Genusses an ihren Dichtungen zu versichern.

Ist das epische Theater etwa eine »moralische Anstalt«?

Nach Friedrich Schiller soll das Theater eine moralische Anstalt sein. Als Schiller diese Forderung aufstellte, kam es ihm kaum in den Sinn, daß er dadurch, daß er von der Bühne herab moralisierte, das Publikum aus dem Theater treiben könnte. Zu seiner Zeit hatte das Publikum nichts gegen das Moralisieren einzuwenden. Erst später beschimpfte ihn Friedrich Nietzsche als den Moraltrompeter von Säckingen. Nietzsche schien die Beschäftigung mit Moral eine trübselige Angelegenheit, Schiller erblickte darin eine durchaus vergnügliche. Er kannte nichts, was amüsanter und befriedigender sein konnte, als Ideale zu propagieren. Das Bürgertum ging daran, die Ideen der Nation zu konstituieren. Sein Haus einrichten, seinen eigenen Hut loben, seine Rechnungen präsentieren ist etwas sehr Vergnügliches. Dagegen ist vom Verfall seines Hauses reden, seinen alten Hut verkaufen müssen, seine Rechnungen bezahlen wirklich eine trübselige Angelegenheit, und so sah Friedrich Nietzsche ein Jahrhundert später die Sache. Er war schlecht zu sprechen auf Moral und also auch auf den ersten Friedrich.

Auch gegen das epische Theater wandten sich viele mit der Behauptung, es sei zu moralisch. Dabei traten beim epischen Theater moralische Erörterungen erst an zweiter Stelle auf. Es wollte weniger moralisieren als studieren. Allerdings, es wurde studiert, und dann kam das dicke Ende nach: die Moral von der Geschichte. Wir können natürlich nicht behaupten, wir hätten uns aus lauter Lust zu studieren und ohne anderen, handgreiflicheren Anlaß ans Studium gemacht und seien dann durch die Resultate unseres Studiums völlig überrascht worden. Es gab da zweifellos einige schmerzliche Unstimmigkeiten in unserer Umwelt, schwer ertragbare Zustände, und zwar Zustände, die nicht nur aus moralischen Bedenken heraus schwer zu ertragen waren. Hunger, Kälte und Bedrückung erträgt man nicht nur aus moralischen Bedenken heraus schwer. Auch der Zweck unserer Untersuchungen war es nicht lediglich, moralische Bedenken gegen gewisse Zustände zu erregen (wenngleich solche Bedenken sich leicht einstellen konnten, wenn auch nicht bei allen Zuhörern – solche Bedenken stellten sich zum Beispiel bei denjenigen Zuhörern selten ein, die von den betreffenden Zuständen profitierten!), Zweck unserer Untersuchungen war es, Mittel ausfindig zu machen, welche die betreffenden schwer ertragbaren Zustände beseitigen konnten. Wir sprachen nämlich nicht im Namen der Moral, sondern im Namen der Geschädigten. Das sind wirklich zweierlei Dinge, denn oft wird gerade mit moralischen Hinweisen den Geschädigten gesagt, sie müßten sich mit ihrer Lage abfinden. Die Menschen sind für solche Moralisten für die Moral da, nicht die Moral für die Menschen.

Immerhin wird man aus dem Gesagten entnehmen können, wieweit und in welchem Sinn das epische Theater eine moralische Anstalt ist.

Kann man überall episches Theater machen?

In stilistischer Hinsicht ist das epische Theater nichts besonders Neues. Mit seinem Ausstellungscharakter und seiner Betonung des Artistischen ist es dem uralten asiatischen Theater verwandt. Lehrhafte Tendenzen zeigte sowohl das mittelalterliche Mysterienspiel als auch das klassische spanische und das Jesuitentheater.

Diese Theaterformen entsprachen gewissen Tendenzen ihrer Zeit und vergingen mit diesen. Auch das moderne epische Theater ist an bestimmte Tendenzen gebunden. Es kann keineswegs überall gemacht werden. Die meisten großen Nationen neigen heute nicht dazu, ihre Probleme im Theater zu erörtern. London, Paris, Tokio und Rom halten ihre Theater zu gänzlich andern Zwecken. Nur an wenig Orten und nicht für lange Zeit waren bisher die Umstände einem epischen lehrhaften Theater günstig. In Berlin hat der Faschismus der Entwicklung eines solchen Theaters energisch Einhalt geboten.

Es setzt außer einem bestimmten technischen Standard eine mächtige Bewegung im sozialen Leben voraus, die ein Interesse an der freien Erörterung der Lebensfragen zum Zwecke ihrer Lösung hat und dieses Interesse gegen alle gegensätzlichen Tendenzen verteidigen kann.

Das epische Theater ist der breiteste und weitestgehende Versuch zu modernem großen Theater, und es hat alle die riesigen Schwierigkeiten zu überwinden, die alle lebendigen Kräfte auf dem Gebiet der Politik, Philosophie, Wissenschaft und Kunst zu überwinden haben.

Etwa 1936

Über den Bühnenbau der
nichtaristotelischen Dramatik

1 Gesellschaftliche Aufgabe des Bühnenbauers und Tiefenkonstruktion

Einige nichtaristotelische (nicht auf Einfühlung beruhende) Dramatiken, welche versuchen, in ihren Darstellungen des menschlichen Zusammenlebens die dieses Zusammenleben beherrschenden Gesetze zu gestalten, haben, obgleich in manchem verschiedene Typen (Historientypus, Biographietypus, Parabeltypus), gewisse gemeinsame Praktiken für ihren Bühnenbau ausgearbeitet. Die Gemeinsamkeit der Praktiken gründet sich auf die ablehnende Stellung dieser Dramatiken zur restlosen Einfühlung und damit ihres Bühnenbaus zur vollkommenen Illusion. Die Umgebung der Menschen, für eine andere Dramatik nur »die äußere Welt«, spielt für die nichtaristotelischen Dramatiken eine größere und auch andersgeartete Rolle. Sie ist nicht mehr nur ein Rahmen. Unsere Kenntnis vom »Stoffwechsel zwischen Natur und Mensch« als einem gesellschaftlichen, geschichtlich wandelbaren, in der Arbeit vorgehenden Prozeß prägt unsere Abbilder der menschlichen Umgebung. Die Eingriffe, denen der Mensch die Natur unterwirft, vertiefen sich ständig. Dies muß im Bühnenbau seinen Ausdruck finden. Ferner stellt jede einzelne Aufführung jedem der verschiedenen Dramatiktypen eine völlig neue, ganz konkrete gesellschaftliche Aufgabe, an deren Lösung sich der Bühnenbauer zu beteiligen hat, indem er den gesamten Bühnen- und Theaterbau auf seine Geeignetheit und Potenz durchmustert und überholt. Die Darstellung des Aufbaus der Kollektivwirtschaften in »Razbeg« (Ochlopkow) für die Kopf- und Handarbeiter Moskaus bedeutete eine andere gesellschaftliche Aufgabe und benötigte einen anderen Bühnenbau als die Darstellung des demagogischen Apparats der Nationalsozialisten in »Die Rundköpfe und die Spitzköpfe« (Brecht, Knutzon) in Kopenhagen 1936 oder die Darstellung der Kriegssabotage des Kleinbürgers in »Die Abenteuer des braven Soldaten Schwejk« (Piscator, Brecht,

Grosz) in Berlin 1929 vor klassenmäßig ganz anders zusammengesetztem Publikum. Da die Bühne für jedes Stück völlig umzubauen ist, also in jedem Fall eine Tiefenkonstruktion verlangt wird, ist es gerechtfertigt, den Begriff des Bühnenbauers einzuführen, den man sonst nur für jemand verwendet, der die Bühne selber, also das für gewöhnlich beibehaltene Gerüst baut, auf dem die Dekoration aufgestellt wird. Der Bühnenbauer hat, je nachdem, den Boden zu ersetzen durch laufende Bänder, den Hintergrund durch eine Filmleinwand, die Seitenkulissen durch eine Orchestra. Er hat die Decke in ein Traggerüst für Aufzüge umzuwandeln, und selbst den Transport des Spielfeldes in die Mitte des Zuschauerraums hat er in Erwägung zu ziehen. Seine Aufgabe ist es, die Welt zu zeigen.

Soll ihm aber nichts festliegen ohne Grund, so soll er auch nichts bewegen ohne Grund, denn er gibt Abbilder der Welt, und diese bewegt sich nach Gesetzen, die nicht alle bekannt sind, jedoch sieht ihre Bewegung nicht nur er, sondern auch jene, die seine Abbilder sehen, und es kommt nicht lediglich darauf an, wie er die Welt sieht, sondern darauf, daß jene, die seine Abbilder sehen, sich daraufhin in ihr zurechtfinden. Er hat seine Abbilder also für kritische Augen aufzubauen, und sind die Augen nicht kritisch, so hat er sie kritisch zu machen. Denn er muß immer bedenken, was für eine große Sache es ist, andern die Welt zu zeigen, in der sie leben müssen.

2 Trennung der Elemente. Die Schauspieler als Stücke des Bühnenbaus

Wenn der Bühnenbauer einig geht mit dem Spielleiter, dem Stückeschreiber, dem Musiker und dem Schauspieler, was die gesellschaftliche Aufgabe der Aufführung anlangt, jeden von ihnen unterstützt und jede Unterstützung benutzt, so muß er deshalb seine Arbeit keineswegs aufgehen lassen in einem »Gesamtkunstwerk«, einer restlosen Verschmelzung aller Kunstelemente. In gewisser Weise hält er, in seiner Assoziation mit den anderen Künsten, durch eine *Trennung der Elemente* die Individualität seiner Kunst ebenso aufrecht, wie dies die andern Künste tun. Das Zusammenspiel der Künste wird so ein lebendiges; der Widerspruch der Elemente ist nicht ausgelöscht. Der Bühnenbauer nimmt seinerseits, mit seinen Mitteln, in einer gewissen Freiheit Stellung zum Thema. Die Vorführung von Graphiken oder Filmen kann die Darstellung unterbrechen.[1] Er geht einig mit den übrigen Künsten, wenn für ihn zum Beispiel auch die Musikinstrumente[2] und die Schauspieler zu Stücken seines Bühnenbaus werden. In gewissem Sinn sind für ihn die Schauspieler die wichtigsten Dekorationsstücke von allen. Es genügt nicht, daß für die Schauspieler nur eben Raum ausgespart ist. Wenn der Bühnenbau aus einem Baum und drei Männern besteht oder aus einem Mann und einem Baum und noch zwei Männern, so muß der Baum allein noch kein Bühnenbau sein, genauer gesagt, er darf es gar nicht. Die Entfaltung der Gruppierung ist eine Entfaltung des Bühnenbaus und eine Hauptaufgabe des Bühnenbauers. Wird dem Bühnenbauer die Zusammenarbeit mit den Schauspielern erschwert, gerät er in die Lage eines Historienmalers, der lediglich Möbel und Requisiten auf eine Leinwand malt, worauf ein anderer auf die Stühle seine Figuren und an die in der Luft hängenden Schwerter ihre Hände malen wird.

3 Aufbau des Spielfelds (induktive Methode)

Für gewöhnlich werden die Bauten festgelegt, bevor die Proben der Schauspieler begonnen haben, »damit sie beginnen können«, und die Hauptsache ist, daß sie stimmungsvoll sind, irgendeine Impression geben, Lokalkolorit, und der Vorgang, der hier zu spielen hat, wird so wenig beachtet wie bei der Auswahl einer Ansichtspostkarte auf einer Reise. Höchstens gilt es, Räume mit hübschen Spielmöglichkeiten zu schaffen, aber dies ganz allgemein, für irgendwelche Gruppierungs-

1 Siehe die durchaus selbständigen in den »Abenteuern des braven Soldaten Schwejk« projizierten Zeichnungen von George Grosz und die von Caspar Neher für »Aufstieg und Fall der Stadt Mahagonny«.
2 Für die »Dreigroschenoper« stellte Neher eine Jahrmarktsorgel in die Mitte der Bühne. Max Gorelik verwendete in der Aufführung der »Mutter« in New York die Hälfte seiner Bühne für zwei Flügel.

möglichkeiten, wenn für bestimmte, dann solche der ersten Szene, die in dem Raum spielt. Selbst wenn der Spielleiter schon, bevor die Proben begonnen haben, alle Stellungen und Bewegungen seiner Schauspieler festgelegt hat, eine höchst unglückliche Art des Vorgehens, verfällt er gemeinhin der Verführung, den einmal für die erste Szene gewählten Raum für alle weiteren festzuhalten, da mit ihm eine bestimmte szenische Lösung verknüpft ist oder verknüpft scheint und da er unbewußt auch die Vorstellung benutzt, daß ein Mensch ja in ein und demselben Raum mehrere Erlebnisse haben kann: Er baut seine Wohnung nicht um für eine Eifersuchtsszene. Geht man so vor, so bringt man sich um alle Vorteile der wochenlangen Zusammenarbeit von einander verschiedenen Menschen und hat von allem Anfang an einen starren, unelastischen Raum, den keinerlei Bewegung der darin Spielenden mehr verändert. Das Wort *Bühnenbild*, das für Dekorationen der beschriebenen Art im Deutschen gebraucht wird, ist gut gewählt, da es alle Nachteile solcher Bühnenbauten enthüllt. Ganz abgesehen davon, daß es für ein Bild nur ein paar wenige Sitze im Zuschauerraum gibt, von denen aus es seine volle Wirkung ausübt und es von allen andern Sitzen aus mehr oder weniger deformiert erscheint, hat das als Bild komponierte Spielfeld weder die Eigenschaften einer Plastik noch eines Terrains, obgleich es beides zu sein vorgibt. Das gute Spielfeld darf erst fertig werden durch das Spiel der sich bewegenden Figuren. Es wird also am besten auf den Proben fertiggebaut. Das ist sehr ungewohnt für unsere Bühnenbildner, die sich als Maler fühlen und behaupten, eine »Vision« zu haben, die es zu realisieren gälte, wobei sie selten mit den Schauspielern rechnen, da ihre »Bühnenbilder« ohne die Schauspieler angeblich ebenso gut oder sogar besser wirken. Freilich verlangt eine so komponierte Bühne ein entsprechend kostbares Spiel. Erhebt sich das Bühnenbild zu einer bestimmten Erlesenheit oder Geschlossenheit und bleibt das Spiel dahinter zurück, dann wird die Aufführung geschädigt. Ebenso, wenn der Bühnenbau deutliches Denken verrät, das Spiel aber nicht. Ein an sich schlechterer Bühnenbau wäre dann besser.

Der gute Bühnenbauer geht langsam, experimentierend vor. Eine Arbeitshypothese auf Grund genauer Lektüre des Stükkes und ausgiebiger Besprechung mit den andern Mitgliedern des Theaters, besonders die besondere gesellschaftliche Aufgabe des Stückes und der betreffenden Aufführung angebend, ist für ihn nützlich. Jedoch muß seine Grundvorstellung möglichst allgemein und elastisch sein. Er wird sie ständig an den Probenresultaten der Schauspieler prüfen. Die Wünsche und Absichten der Schauspieler sind für ihn Quellen der Erfindung. Er studiert, wieweit ihre Kräfte reichen und springt ein. Das Hinken eines Mannes kann Platz brauchen, um zur Geltung zu kommen, mancher Vorfall wirkt aus der Ferne gesehen komisch, aber tragisch aus der Nähe und so weiter. Und auch ihm helfen die Schauspieler aus. Soll er einen kostbaren Stuhl liefern, so wird er kostbar wirken, wenn ihn die Schauspieler umständlich hereintragen und mit großer Vorsicht niedersetzen. Soll es ein Richterstuhl sein, so wird es eine besondere Wirkung sein, wenn es zum Beispiel ein großer Stuhl für einen kleinen Richter ist, der ihn nicht ausfüllt. Vieles kann vom Bühnenbau wegbleiben, wenn es in das Spiel der Schauspieler hineinkommt, und vieles kann der Bühnenbauer den Schauspielern ersparen.

Der Bühnenbauer vermag den Sinn von Sätzen der Schauspieler grundlegend zu verändern und neue Gesten zu ermöglichen.

Baut er zum Beispiel im »Macbeth«, wo in der sechsten Szene des ersten Aktes der König und sein Gefolge die Macbethsche Burg loben, ein armseliges und häßliches Gebäude auf, so wird das Lob aus einem reinen Ausdruck der Vertrauensseligkeit zu einem Ausdruck der Güte und Höflichkeit, und doch bleibt die Unfähigkeit des Königs, sich gegen den Macbeth zu versehen, dessen elende Lage er nicht erkennt.

Es ist für die Schauspieler oft angenehm, nach Skizzen zu arbeiten, die einen wichtigen Vorgang darstellen; es ist sowohl deshalb nützlich, weil sie die Haltungen kopieren können, als auch weil der Vorgang, indem er eine künstlerische Darstellung erhielt, in seiner Besonderheit und Bedeutung gefaßt, sozusagen berühmt gemacht ist. Er hat eine bestimmte Form angenommen, und die Kritik kann sich daran entwickeln. Ebenso nützlich können Skizzen sein, welche die Schauspieler selber abbilden.

So arbeitet der gute Bühnenbauer. Einmal dem Schauspieler

voraus, einmal ihm folgend, immer zusammen mit ihm. Nach und nach baut er sein Spielfeld auf, ebenso experimentierend wie der Schauspieler und mehr als eines versuchend. Eine Wand und ein Stuhl sind schon sehr viel. Es ist auch schon sehr schwer, eine Wand gut zu ziehen und einen Stuhl gut aufzustellen. Wand und Stuhl müssen nicht nur praktisch stehen für den Schauspieler, sondern auch zueinander in guten Verhältnissen und für sich selber wirksam.

Die meisten Bühnenbauer haben das, was man bei Malern eine unsaubere Palette nennt. Das heißt, schon auf dem Brett, von dem sie die Farben nehmen, sind sie ineinander verschmiert. Solche Leute wissen nicht mehr, was ein normales Licht ist und was die Grundfarben sind. So decken sie alle Kontraste der Farben zu, statt sie zu verwerten, und färben die Luft. Die Meister wissen, wieviel es schon ist, wenn neben einer Gruppe von Menschen an einer Wäscheleine eine blaue Tischdecke hängt, das heißt wie wenig noch hinzukommen darf.

Die Auswahl der Merkmale ist mitunter sehr schwierig. Sie müssen den Funktionen genügen.

Wie wenig wir auf die Funktion eines Dinges bedacht sind, möge ein Beispiel zeigen. In »Die Rundköpfe und die Spitzköpfe« waren zwei bäuerliche Familien bei der Arbeit zu zeigen. Wir wählten als Arbeitsinstrument einen Ziehbrunnen. Obgleich einer der Arbeitenden im Stück sagt: »Da der Pachtherr uns keine Pferde gibt, ist jeder von uns sein eigenes Pferd« und obgleich gerade der Mangel an Pferden eine große Rolle im Stück spielt, kam weder der Stückeschreiber noch der Spielleiter noch der Bühnenbauer noch ein Schauspieler noch ein Zuschauer darauf, daß diesen Ziehbrunnen kein Pferd bedienen könnte. Richtig wäre gewesen: eine primitive Maschine, welche anstelle von Pferden von Menschen bedient wurde. Die Folgen eines solchen Mißgriffs sind beträchtlich. Die Arbeit erscheint so sofort als eine ganz »natürliche«, unänderbare, schicksalhafte. Sie muß eben gemacht werden, es fragt sich höchstens noch, von wem, und dabei wird nicht an Pferde, sondern an Menschen gedacht. Das als drückend Empfundene wird nicht als überflüssig gezeigt, der Blick nicht auf Maßnahmen gelenkt, welche das Übel beseitigen könnten.

Eine wichtige Frage ist dabei die Materialfrage.³ Es empfiehlt sich eine einfache Auswahl von nicht zu vielen Grundstoffen. Es ist nicht Sache der Kunst, mit allen Mitteln eine bestimmte Imitation anzufertigen. Die Materialien müssen auch für sich wirken.

Sie dürfen nicht vergewaltigt werden. Man darf ihnen nicht zumuten, sich »zu verwandeln«, so daß Pappe die Illusion erwecken soll, Leinwand zu sein, Holz Eisen und so weiter. Gut bearbeitetes Holz, Stricke, Eisenrahmen, Leinwand und so weiter entfalten, gut ausgestellt, eine eigenartige Schönheit.

Dem Bühnenbauer dürften übrigens auch die Reize nicht aus den Augen kommen, die sein Spielfeld auf die Schauspieler selber ausüben soll. Die Gegenstände können zwei Seiten haben, eine dem Zuschauer und eine dem Spieler zugewandte, aber die dem Spieler zugewandte Seite muß ebenfalls noch eine künstlerisch befriedigende Ansicht gewähren. Der Spieler braucht nicht in Illusion versetzt zu werden, daß er sich in der richtigen Welt befinde, aber es muß ihm bestätigt werden, daß er sich in einem richtigen Theater befindet. Gute Proportionen, schönes Material, sinnvolle Einrichtungen und gute Arbeit der Requisiten verpflichten den Schauspieler. Es ist nicht gleichgültig, wie eine Maske von innen aussieht, ob sie ein Kunstprodukt ist oder nicht.

Nichts darf ihm festliegen, weder der Ort, noch die gewohnte Verwendung der Bühne. Insofern ist er ein wahrhafter Bühnenbauer.

Nur, wenn er dem mählichen Aufbau des Stückes folgt, kann der Bühnenbauer feststellen, ob sein Bau noch nichts beweist

---

3 Durch die Verwendung bestimmter Materialien können bestimmte Assoziationen des Zuschauers benutzt werden. Für die Parabel von »Die Rundköpfe und die Spitzköpfe« zum Beispiel erweckten Schirme im Hintergrund, die pergamenten wirkten, die Assoziation von alten Büchern. Da der Sinn der Parabel bei bürgerlichem Publikum auf Widerstand stoßen mußte, war es vorteilhaft, ihr etwas von dem Kredit alter und berühmter Parabeln zu verleihen. Das Moskauer Jiddische Theater verwendete für seine »Lear«-Aufführung einen hölzernen, aufklappbaren Tabernakelbau, der die Assoziation mittelalterlicher Bibel erweckte. Für ein chinesisches Stück verwendete John Hartfield im Piscatortheater große, aufrollbare Papierfahnen mit mehr Glück, als im selben Theater für ein Inflationsstück Moholy-Nagy eine Nickel- und Glaskonstruktion verwendete, was die unerwünschte Assoziation eines chirurgischen Bestecks erweckte.

oder schon zuviel. Aber nicht nur des Nutzens wegen, den die Schauspieler daraus ziehen und nicht nur des Nutzens wegen, den er aus den Schauspielern zieht, auch um rein technisch seinen Bau experimentell verbessern zu können, tut der Bühnenbauer gut, die *Montage des Bühnenbaus in mobilen Elementen* vorzunehmen. Er baut den Bühnenbau in einzelnen, selbständigen Stücken auf, die beweglich sind. Ein Türstock muß ebenso probieren können wie der Schauspieler, der ihn benützt, damit er sich von allen Seiten zeigen kann, und damit er mit den andern Elementen des Baus in möglichst vielen Gruppierungen wirken kann, muß er einigen Selbstwert besitzen, für sich selber Leben haben. Er spielt eine Rolle oder auch mehrere Rollen, ebenso wie ein anderer Schauspieler. Er hat dasselbe Recht und die gleiche Pflicht, aufzufallen. Er kann ein Statist und ein Protagonist sein. Die Extremitäten eines mobilen Fensterstocks, seien es Seile oder ein Stativ, sollten übrigens nicht etwa verborgen werden; sie sollen zur Verschönerung des Anblicks beitragen. Dasselbe gilt für die Lampen und die Musikinstrumente. Der Bühnenraum, in den die verschiedenen Requisiten und Mobilien gestellt werden, wird ebenfalls am besten deutlich gezeigt, so daß jene als Mobilien sich gut abheben.

[Aus einem] kleinen Gespräch mit dem ungläubigen Thomas

1

Unsere »Verkäufer von Abendunterhaltung« sagen uns, es gäbe nur ganz wenige Stoffe (sie nennen drei oder vier), die das Publikum interessieren (aber 1000 Arten, sie mundgerecht zu machen). Der Satz stimmt, wenn man hinzufügt: im Theater oder im Kino. Die großen Vorfahren kannten natürlich mehr Stoffe, auch hier wirkte sich der Monopolisierungs-, Spezialisierungs-, Rationalisierungs-, Verarmungsprozeß des spätkapitalistischen Zeitalters aus. Jedoch war auch ihre Auswahl von Stoffen beschränkt durch die Art, in der eine Geschichte erzählt, und den Zweck, zu dem sie erzählt werden mußte. Es besteht ein immenses Mißverhältnis zwischen den Stoffen, die auf dem Theater, und den Stoffen, die sonst interessieren.

2

Eine Unzahl von interessanten Stoffen ist auf unserm Theater schlechterdings nicht erzählbar. Das heißt, sie ergeben nicht die für nötig gehaltenen Spannungen, erlauben nicht die Einfühlung, lösen nicht die kathartischen Nervenschocks aus. An sich müßten reale Spannungen zwischen, sagen wir, zwei Ölkonzernen auf dem Theater ohne große Anstrengung in Theaterspannungen verwandelt werden können. Aber die Einfühlung mag nicht gelingen und die Katharsis ausbleiben. So geben diese so wichtigen und so künstlerisch reizvollen, weil abenteuerlichen und bedeutenden Kämpfe »noch keine Geschichte«.

3

Die entscheidenden Vorgänge zwischen den Menschen, welche eine Dramatik der großen Stoffe heute darzustellen hätte, finden in riesigen Kollektiven statt und sind vom Blickpunkt eines einzelnen Menschen aus nicht mehr darzustellen. Der einzelne Mensch unterliegt einer äußerst verwickelten Kausalität und kann Meister seines Schicksals nur als Mitglied eines riesigen und notgedrungen in sich selbst widerspruchsvollen Kollektivs werden. Er registriert nur schwache, dämmrige Eindrücke von der Kausalität, die über ihn verhängt ist. Mit ihm als Mentor erkennt das Publikum, in ihn sich einlebend, erlebt das Publikum nur wenig. Ja, er vermag nicht einmal mehr sich selber zu erkennen oder »auszufühlen«, wenn er nur seinen eigenen Nabel betrachtet, nur subjektiv reagiert. Die amerikanische Romanschreibung, fortschrittlicher als das Drama, hat die Ablösung der introspektiven Psychologie durch die behavioristische, soziologische, experimentelle Psychologie bereits für die Kunst übernommen – für die höhere wie für die niedrige.

4

Die neuere Dramatik (für Film oder Theater) hat meines Wissens nicht einen einzigen großen Charakter gestaltet, wie es die frühere bürgerliche Dramatik getan hat (Hamlet, Don Giovanni, Faust und so weiter). Sie braucht einfühlbare Helden und benutzt dafür mehr und mehr Durchschnittsfiguren (die immer farbloser und leidenschaftsloser werden, wie ein Vergleich etwa der Ibsen- und Strindberg-Helden mit denen des jetzigen Broadway und Hollywood zeigt). Während die Zuschauer des *Globetheaters* noch die Erlebnisse des außerordentlichen Hamlet miterlebten, erleben unsere Zuschauer nur noch die außerordentlichen Erlebnisse Herrn Clark Gables mit. Die Forderung, unsere Stückeschreiber sollten eben einfach (aber auf die alte Art und zu dem alten Zweck) einen neuen Helden von Ausmaß schaffen, ist undurchführbar. Einige große Gestalten finden sich jedoch, wie ich glaube, in der nichtaristotelischen Dramatik.

5

Diese Figuren sind keine einfühlbaren Helden. Sie sind nicht als unveränderliche Urbilder des Menschen gesehen und gestaltet, sondern als historische, vergängliche, meist mehr ein Erstaunen als ein »So bin ich auch« herausfordernde Charaktere. Der Zuschauer befindet sich ihnen gegenüber verstandes- *und gefühlsmäßig* im Widerspruch, er identifiziert sich nicht mit ihnen, er »kritisiert« sie.

6

Diese kritische Haltung des Zuschauers (und zwar dem Stoff gegenüber, nicht der Ausführung gegenüber) darf nun nicht etwa als eine rein rationale, rechnerische, neutrale, wissenschaftliche Haltung angesehen werden. Sie muß eine künstlerische, produktive, genußvolle Haltung sein. Sie repräsentiert in der Kunst die praktisch gewordene Kritik der Menschheit an der Natur, auch an der eigenen Natur. Es handelt sich um die »Kritik« eines Flusses, welche in der Regulierung des Flusses besteht, Kritik eines Obstbaums, welche in der Okulierung des Obstbaums besteht, Kritik der Fortbewegung, welche in der Produktion neuer Fahr- und Flugzeuge besteht, Kritik der Gesellschaft, welche in der Revolution besteht. All diese Kritik praktischer, fröhlicher und produktiver Art ist ein psychisches Erlebnis des Menschen von heute und also ein Feld der Künste. Diese neue, neugierige, aktive, erfinderische Haltung ist, wie ich glaube, an Bedeutung, Umfang und Lustgehalt der alten aristotelischen Katharsis keineswegs unterlegen.

Kleine Liste der beliebtesten, landläufigsten und banalsten Irrtümer über das epische Theater

1

Es ist eine ausgeklügelte, abstrakte, intellektualistische Theorie, die nichts mit dem wirklichen Leben zu tun hat.
In Wirklichkeit ist sie entstanden in und verbunden mit langjähriger Praxis. Die Stücke, auf denen sie beruht, sind in vielen deutschen, eines, »Die Dreigroschenoper«, ist in fast allen Großstädten der Welt gelaufen. Zitate daraus dienten als headlines politischer Leitartikel, wurden benützt von berühmten Anwälten in Plädoyers. Einige Stücke wurden von der Polizei verboten, eines erhielt den höchsten deutschen Preis für Dramatik – den Kleist-Preis –, die Theorie wurde in Universitätsseminaren durchgenommen und so weiter. Gespielt wurden sie von Arbeitertruppen und Stars; es gab ein eigenes Theater, das Schiffbauerdammtheater, mit einer Truppe von Schauspielern wie Weigel, Neher, Lorre und so weiter, die diese Prinzipien ausbildeten. Dazu kamen die zwei Theater Piscators, welche einzelne der Prinzipien ausbildeten.

2

Man soll nicht Theorie machen, sondern Dramen schreiben. Alles andere ist unmarxistisch.
Primitive Verwechslung der Begriffe Ideologie und Theorie. Stützt sich meist stolz auf Äußerungen von Marx oder Engels, welche selber theoretischer Natur sind. Auf anderem Gebiet bezeichnet Lenin solches als »kriechenden Empirismus«.

3

Das epische Theater bekämpft alle Emotionen. Man kann aber Vernunft und Gefühl nicht trennen.

Das epische Theater bekämpft nicht die Emotionen, sondern untersucht sie und macht nicht halt bei ihrer Erzeugung. Der Trennung von Vernunft und Gefühl macht sich das durchschnittliche Theater schuldig, indem es die Vernunft praktisch ausmerzt. Seine Verfechter schreien beim geringsten Versuch, etwas Vernunft in die Theaterpraxis zu bringen, man wolle die Gefühle ausrotten.

4

Die Ideen Brechts sind nicht neu. Wird meist so gedruckt: die »neuen« Ideen Brechts.
Das wird meist von denen gesagt, die diese Ideen nicht etwa angreifen, weil sie alt sind und sie selber neuere haben, sondern weil sie alte Ideen verfechten und ein Interesse daran haben, daß andere Ideen ebenfalls alt sein sollen. In Wirklichkeit versuchen die Verfechter des epischen Theaters ständig, einige ihrer Prinzipien in der Theatergeschichte nachzuweisen und tun alles, den Neuheitscharakter zu verwischen, der ihnen etwas Modisches verleihen würde. Die Prinzipien des epischen Theaters haben wenig zu tun mit der Ästhetik der deutschen Philosophen aus der ersten Hälfte des vorigen Jahrhunderts, jedoch steht diese Ästhetik (der Kant und Hegel), wie auch Marx ständig versichert, meist turmhoch über den ästhetischen Anschauungen vieler »Marxisten«, die in Wahrheit diese Ästhetiken weder kennen noch verstanden haben, von den Lehren Marx' ganz zu schweigen.

5

Wir Amerikaner (Franzosen, Dänen, Schweizer und so weiter) müssen unsere Ästhetik aus unseren amerikanischen (französischen, dänischen, schweizerischen und so weiter) Dramen aufbauen.
Die schweizerische Dramatik existiert nicht, die französische hat existiert, die amerikanische und dänische Dramatik kommt dem Europäer absolut europäisch vor. Das epische Theater wurde in Deutschland lange als »undeutsch« bezeich-

net, die Nationalsozialisten bezeichnen es als einfach entartet. Andrerseits ist der Kapitalismus etwas erstaunlich Internationales und hat, wie man hört, zu einer erstaunlichen Angleichung der Verhältnisse der verschiedenen Länder geführt. Darüber, wie man aus fremden Fehlern zu lernen vermag, vergleiche Lenins »Kinderkrankheiten«.

Fragmentarisch

Über experimentelles Theater

Zumindest seit zwei Menschenaltern befindet sich das ernsthafte europäische Theater in einer Epoche der Experimente. Die verschiedenen Experimente haben bisher noch kein eindeutiges, klar überschaubares Resultat gezeigt, die Epoche ist keineswegs beendigt. Die Experimente wurden nach meiner Meinung auf zwei Linien geführt, die sich mitunter überschnitten, die aber doch getrennt verfolgt werden können. Diese beiden Linien der Entwicklung sind durch die beiden Funktionen *Unterhaltung* und *Belehrung* bestimmt, das heißt, das Theater veranstaltete Experimente, die seine Amüsierkraft, und Experimente, die seinen Lehrwert erhöhen sollten.

In einer schnellebigen, »dynamischen« Welt wie der unsrigen nützen sich, was das Amüsement anlangt, Reize rapid ab. Der zunehmenden Abstumpfung des Publikums muß durch immer neue Effekte entgegengetreten werden. Um seinen zerstreuten Zuschauer zu zerstreuen, muß das Theater ihn zuerst konzentrieren. Es muß ihn aus einer lärmenden Umwelt heraus in seinen Bann ziehen. Das Theater hat es mit einem müden, von rationalisierter Tagesarbeit erschöpften, von sozialen Friktionen aller Art gereizten Zuschauer zu tun. Er ist seiner eigenen kleinen Welt entflohen, er sitzt da als Flüchtling. Er ist ein Flüchtling, aber er ist auch ein Kunde. Er kann hierher flüchten oder woanders hin. Die Konkurrenz des Theaters mit dem Theater und des Theaters mit dem Kino erzwingt ebenfalls immer neue Anstrengungen, Anstrengungen, immer neu zu erscheinen.

Wenn wir die Experimente der Antoine, Brahm, Stanislawski, Gordon Craig, Reinhardt, Jessner, Meyerhold, Wachtangow und Piscator überblicken, finden wir, daß sie die Ausdrucksmöglichkeiten des Theaters ganz erstaunlich bereichert haben. Seine Fähigkeit, zu unterhalten, ist unbedingt gewachsen. Die Ensemblekunst etwa schuf einen ungemein sensitiven und elastischen Bühnenkörper. Das soziale Milieu kann in seinen feinsten Details ausgemalt werden. Wachtangow und Meyerhold entnahmen dem asiatischen Theater gewisse tänzerische Formen und schufen eine ganze Choreographie für das Drama. Meyerhold führte einen radikalen Konstruktivismus durch, und Reinhardt verwandte als Bühne sogenannte echte Schauplätze: er spielte »Jedermann« und »Faust« auf öffentlichen Plätzen. Freilichtbühnen führten den »Sommernachtstraum« mitten im Wald auf, und in der Sowjetunion versuchte man, die Erstürmung des Winterpalais zu wiederholen unter Verwendung des Schlachtschiffs »Aurora«. Die Barrieren zwischen Bühne und Zuschauer wurden niedergerissen. In Reinhardts »Danton«-Aufführung im Großen Schauspielhaus saßen im Zuschauerraum Schauspieler, und Ochlopkow in Moskau setzte Zuschauer auf die Bühne. Reinhardt benützte den Blumensteg des chinesischen Theaters und ging in die Zirkusarena, um inmitten der Menge zu spielen. Die Massenregie wurde durch Stanislawski, Reinhardt und Jessner vervollkommnet, und der letztere gewann der Bühne mit seinem Treppenbau eine dritte Dimension ab. Drehbühne und Kuppelhorizont wurden erfunden, und das Licht wurde entdeckt. Der Scheinwerfer gestattete großzügige Illuminierung. Eine ganze Lichtklaviatur erlaubte es, »Rembrandtsche Stimmungen« hervorzuzaubern. Man könnte in der Theatergeschichte gewisse Lichteffekte die »Reinhardtschen« nennen, wie man in der Geschichte der Medizin eine bestimmte Herzoperation die »Trendelenburgsche« nennt. Es gibt neue Projektionsverfahren, basierend auf dem Schüfftanverfahren, und es gibt eine neue Geräuschregie. Für die Schauspielkunst wurde die Schranke zwischen Kabarett und Theater und zwischen Revue und Theater niedergerissen. Es gab Experimente mit Masken, Kothurnen und Pantomimen. Weitgehende Experimente wurden mit dem alten, klassischen Repertoire angestellt. Immer wieder wurde Shakespeare umfassoniert und gewendet. Man hat den Klassikern schon so viele Seiten abgewonnen, daß sie beinahe keine mehr zurückbehalten haben. Man hat Hamlet im Smoking, Cäsar in Uniform erlebt, und zumindest Smoking und Uniform haben davon profitiert und an Respektabilität gewonnen. Sie sehen, die Experimente sind sehr ungleichwertig, und die auffälligsten sind nicht immer die wertvollsten, aber auch die wertlosesten sind kaum je ganz wertlos. Was zum Beispiel Hamlet im Smoking betrifft, so ist er kaum ein größeres

Sakrileg an Shakespeare als der konventionelle Hamlet in Seidenstrümpfen. Man bleibt durchaus im Rahmen des Kostümstücks.

Im allgemeinen kann man sagen, daß die Experimente zur Hebung der Amüsierkraft des Theaters keineswegs resultatlos geblieben sind. Sie haben besonders zum Ausbau der Maschinerie geführt. Sie sind dabei, wie gesagt, noch nicht abgeschlossen. Ja, sie sind nicht einmal in den allgemeinen Gebrauch übergeführt, wie es die experimentellen Resultate anderer Institute sind. Eine neue Operation in New York kann sehr bald auch in Tokio ausgeführt werden. Mit der modernen Bühnentechnik ist das nicht der Fall. Immer noch verhindert eine deutliche Scheu den Künstler, die experimentellen Resultate anderer Künstler unbefangen zu übernehmen und auszubauen. Nachahmung gilt in der Kunst für schimpflich. Dies ist einer der Gründe, warum die technischen Fortschritte lange nicht so groß sind, wie sie sein könnten. Das Theater im allgemeinen ist noch lange nicht auf den Standard der modernen Technik gebracht. Es begnügt sich noch mit der meist unbeholfenen Verwertung einer primitiven Drehvorrichtung für die Bühne, mit einem Mikrophon und mit dem Einbau von ein paar Autoscheinwerfern. Auch die Experimente auf dem Gebiet der Schauspielkunst werden wenig ausgenützt. Erst jetzt beginnt der oder jener Schauspieler in New York, sich für die Methoden der Stanislawski-Schule zu interessieren.

Wie steht es nun mit der anderen, der zweiten Funktion, welche die Ästhetik dem Theater zuerteilt hat: der Belehrung? Auch hier gibt es Experimente und Resultate von Experimenten. Die Dramatik der Ibsen, Tolstoi, Strindberg, Gorki, Tschechow, Hauptmann, Shaw, Kaiser und O'Neill ist eine Experimentaldramatik. Es sind große Versuche, theatralisch die Probleme der Zeit zu gestalten.[1]

Wir haben die sozialkritische Milieudramatik, die von Ibsen bis zu Nordahl Grieg, die Symboldramatik, die von Strindberg bis zur Pär Lagerkvist führt. Wir haben eine Dramatik

1 An den Versuchen auf dieser Linie sind natürlich die großen Theater hervorragend beteiligt. Tschechow hatte seinen Stanislawski, Ibsen seinen Brahm und so weiter. Die Initiative auf der Linie der Steigerung des Lehrwerts ging jedoch zunächst deutlich von der Dramatik aus.

vom Typus etwa meiner »Dreigroschenoper«, einen Parabeltypus mit Ideologiezertrümmerung, und wir haben eigentüm-
liche dramatische Formen, die von Dichtern wie Auden und
Kjeld Abell ausgebildet wurden und, rein technisch gesehen,
Revue-Elemente enthalten. Es ist dem Theater zuzeiten ge-
lungen, sozialen Bewegungen (der Frauenemanzipation etwa,
der Rechtspflege, der Hygiene, ja sogar der Emanzipations-
bewegung des Proletariats) gewisse Impulse zu verleihen. Es
kann jedoch nicht verschwiegen werden, daß die Einblicke
in das soziale Getriebe, die das Theater gestattete, nicht besonders tief waren. Mehr oder weniger war es wirklich, wie
eingewandt wurde, eine bloße Symptomatologie der sozialen Oberfläche. Die eigentlichen gesellschaftlichen Gesetzlichkeiten wurden nicht sichtbar. Dabei führten die Experimente
auf dem Gebiet der Dramatik schließlich zu einer fast völligen Zerstörung der *Fabel* und der *Menschengestaltung*. Das
Theater, sich in den Dienst sozialer Reformbestrebungen
stellend, büßte viele seiner künstlerischen Wirkungen ein.
Nicht mit Unrecht, wenn auch oft mit sehr zweifelhaften Argumenten, wird die Verflachung des künstlerischen Geschmacks und die Abstumpfung des Stilgefühls beklagt. In
der Tat herrscht auf unseren Theatern als Folge vieler verschiedenartiger Experimente heute eine geradezu babyloni-
sche Verwirrung der Stile. Auf ein und derselben Bühne, in
ein und demselben Stück spielen Schauspieler mit ganz verschiedenen Techniken, in phantastischen Dekorationen wird
naturalistisch agiert. Die Sprechtechnik ist in einen traurigen
Zustand geraten, Jamben werden gesprochen wie Alltags-
sprachen, der Jargon der Märkte wird rhythmisiert und so
weiter und so weiter. Ebenso hilflos steht der moderne Schauspieler der Gestik gegenüber. Sie soll individuell sein und ist
nur willkürlich, sie soll natürlich sein und ist nur zufällig.
Ein und derselbe Schauspieler verwendet eine Gestik, die für
den Zirkus geeignet ist, und eine Mimik, die nur von der
ersten Reihe des Parketts aus mit einem Opernglas bemerkt
werden kann. Also ein Ausverkauf aller Stile aller Epochen,
ein ganz und gar unlauterer Wettbewerb aller möglichen und
unmöglichen Effekte! Man kann wirklich nicht sagen, daß die
Erfolge ausgeblieben sind, aber auch wirklich nicht, daß sie
nichts gekostet haben.

Ich komme jetzt zu jener Phase des experimentellen Theaters, in der alle bisher geschilderten Bemühungen ihren höchsten Standard und damit ihre Krise erreichten. In dieser Phase traten alle Erscheinungen des großen Prozesses, positive wie negative, am größten hervor: also die Steigerung der Amüsierkraft nebst dem Ausbau der Illusionstechnik, die Steigerung des Lehrwerts und der Verfall des künstlerischen Geschmacks.

Der radikalste Versuch, dem Theater einen belehrenden Charakter zu verleihen, wurde von Piscator unternommen. Ich habe an allen seinen Experimenten teilgenommen, und es wurde kein einziges gemacht, das nicht den Zweck gehabt hätte, den Lehrwert der Bühne zu erhöhen. Es handelte sich direkt darum, die großen, zeitgenössischen Stoffkomplexe auf der Bühne zu bewältigen, die Kämpfe um das Petroleum, den Krieg, die Revolution, die Justiz, das Rassenproblem und so weiter. Es stellte sich als notwendig heraus, die Bühne vollständig umzubauen. Es ist unmöglich, hier alle Erfindungen und Neuerungen aufzuzählen, die Piscator zusammen mit beinahe allen neueren technischen Errungenschaften benutzte, um die großen modernen Stoffe auf die Bühne zu bringen. Sie wissen wahrscheinlich von einigen wie der Verwendung des Films, die aus dem starren Prospekt einen neuen Mitspieler, ähnlich dem griechischen Chor, machte, und dem laufenden Band, das den Bühnenboden beweglich machte, so daß epische Vorgänge abrollen können wie der Marsch des braven Soldaten Schwejk in den Krieg. Diese Erfindungen sind vom internationalen Theater bisher nicht aufgenommen worden, diese Elektrifizierung der Bühne ist heute beinahe vergessen, die ganz ingeniöse Maschinerie verrostet, und Gras wächst darüber.

Woher kommt das?

Es ist nötig, für den Abbruch dieses eminent politischen Theaters politische Ursachen namhaft zu machen. Die Steigerung des politischen Lehrwerts stieß zusammen mit der heraufziehenden politischen Reaktion. Wir wollen uns jedoch heute darauf beschränken, die Entwicklung der Krise des Theaters im Bezirk der Ästhetik zu verfolgen.

Die Piscatorschen Experimente richteten auf dem Theater zunächst ein vollkommenes Chaos an. Verwandelten sie die

Bühne in eine Maschinenhalle, so den Zuschauerraum in einen Versammlungsraum. Für Piscator war das Theater ein Parlament, das Publikum eine gesetzgebende Körperschaft. Diesem Parlament wurden die großen, Entscheidung heischenden, öffentlichen Angelegenheiten plastisch vorgeführt. Anstelle der Rede eines Abgeordneten über gewisse unhaltbare soziale Zustände trat eine künstlerische Kopie dieser Zustände. Die Bühne hatte den Ehrgeiz, ihr Parlament, das Publikum, instand zu setzen, auf Grund ihrer Abbildungen, Statistiken, Parolen politische Entschlüsse zu fassen. Die Bühne Piscators verzichtete nicht auf Beifall, wünschte aber noch mehr eine Diskussion. Sie wollte ihrem Zuschauer nicht nur ein Erlebnis verschaffen, sondern ihm noch dazu einen praktischen Entschluß abringen, in das Leben tätig einzugreifen. Dies zu erreichen, war ihr jedes Mittel recht. Die Bühnentechnik komplizierte sich ungemein. Der Bühnenmeister Piscators hatte ein Buch vor sich liegen, das sich von dem Buch des Bühnenmeisters Reinhardts so unterschied wie die Partitur einer Strawinski-Oper von der Notenvorlage eines Lautensängers. Die Maschinerie auf der Bühne war so schwer, daß man den Bühnenboden des Nollendorftheaters mit Eisen und Zementstrebern unterbauen mußte, in der Kuppel wurde so viel Maschinerie aufgehängt, daß sie sich einmal senkte. Ästhetische Gesichtspunkte waren den politischen ganz und gar untergeordnet. Weg mit den gemalten Dekorationen, wenn man einen Film zeigen konnte, der an Ort und Stelle aufgenommen war und dokumentarischen, beglaubigten Wert hatte. Her mit gemalten Cartoons, wenn der Künstler, zum Beispiel George Grosz, dem Publikumsparlament etwas zu sagen hatte. Piscator war sogar bereit, mehr oder weniger auf Schauspieler zu verzichten. Als der deutsche Kaiser durch fünf Anwälte einen Protest einlegen ließ, daß Piscator ihn auf seiner Bühne durch einen Schauspieler verkörpern lassen wollte, fragte er nur, ob der Kaiser nicht selber bei ihm auftreten wolle, er bot ihm sozusagen ein Engagement an. Kurz: der Zweck war ein so wichtiger und großer, daß eben alle Mittel recht schienen. Der Herstellung der Aufführung entsprach übrigens die Herstellung der Stücke. Es arbeitete ein ganzer Stab von Dramatikern zusammen an einem Stück, und ihre Arbeit wurde unterstützt und kontrolliert von einem Stab von Sachverständigen, Historikern, Ökonomen, Statistikern.

Die Piscatorschen Experimente sprengten nahezu alle Konventionen. Sie griffen ändernd ein in die Schaffensweise der Dramatiker, in den Darstellungsstil der Schauspieler, in das Werk des Bühnenbauers. *Sie erstrebten eine völlig neue gesellschaftliche Funktion des Theaters überhaupt.*

Die revolutionäre bürgerliche Ästhetik, begründet von den großen Aufklärern *Diderot* und *Lessing,* definiert das Theater als eine Stätte der Unterhaltung und der Belehrung. Das Zeitalter der Aufklärung, welches einen gewaltigen Aufschwung des europäischen Theaters einleitete, kannte keinen Gegensatz zwischen Unterhaltung und Belehrung. Reines Amüsement, selbst an tragischen Gegenständen, schien den Diderots und Lessings ganz leer und unwürdig, wenn es dem Wissen der Zuschauer nichts hinzufügte, und belehrende Elemente, natürlich in künstlerischer Form, schienen ihnen das Amüsement keineswegs zu stören; nach ihnen vertieften sie das Amüsement.

Wenn wir nun das Theater unserer Zeit betrachten, so werden wir finden, daß die beiden konstituierenden Elemente des Dramas und des Theaters, Unterhaltung und Belehrung, mehr und mehr in einen scharfen Konflikt geraten sind. Es *besteht* heute da ein Gegensatz.

Schon der Naturalismus hatte mit seiner »Verwissenschaftlichung der Kunst«, die ihm sozialen Einfluß verschaffte, zweifellos wesentliche künstlerische Kräfte lahmgelegt, besonders die Phantasie, den Spieltrieb und das eigentlich Poetische. Die lehrhaften Elemente schädigten deutlich die künstlerischen Elemente.

Der Expressionismus der Nachkriegsepoche hatte die Welt als Wille und Vorstellung dargestellt und einen eigentümlichen Solipsismus gebracht. Er war die Antwort des Theaters auf die große gesellschaftliche Krise, wie der philosophische Machismus – die Antwort der Philosophie auf sie war. Er war eine Revolte der Kunst gegen das Leben, und die Welt existierte bei ihm nur als Vision, seltsam zerstört, eine Ausgeburt geängsteter Gemüter. Der Expressionismus, der die Ausdrucksmittel des Theaters sehr bereicherte und eine bisher unausgenutzte ästhetische Ausbeute brachte, zeigte sich ganz außerstande, die Welt als Objekt menschlicher Praxis zu erklären. Der Lehrwert des Theaters schrumpfte zusammen.

Die belehrenden Elemente in einer Piscator- oder einer »Dreigroschenoper«-Aufführung waren sozusagen *einmontiert;* sie ergaben sich nicht organisch aus dem Ganzen, sie standen in einem Gegensatz zum Ganzen; sie unterbrachen den Fluß des Spieles und der Begebenheiten, sie vereitelten die Einfühlung, sie waren kalte Güsse für den Mitfühlenden. Ich hoffe, daß die moralisierenden Partien der »Dreigroschenoper« und die lehrhaften Songs einigermaßen unterhaltend sind, aber es besteht doch kein Zweifel, daß diese Unterhaltung eine andere ist als diejenige, die man von den Spielszenen erfährt. Der Charakter dieses Stückes ist zwiespältig, Belehrung und Unterhaltung stehen auf einem Kriegsfuß miteinander. Bei Piscator standen der Schauspieler und die Maschinerie auf dem Kriegsfuß miteinander.

Wir sehen hier ab von dem Faktum, daß das Publikum durch die Darbietungen in zumindest zwei einander feindliche soziale Gruppen aufgespaltet wurde, so daß das gemeinsame Kunsterlebnis in die Brüche ging; es ist ein politisches Faktum. Das Vergnügen am Lernen ist abhängig von der Klassenlage. Der Kunstgenuß ist abhängig von der politischen Haltung, so daß diese provoziert wird und eingenommen werden kann. Aber selbst wenn wir nur den einen Teil des Publikums ins Auge fassen, der politisch mitging, sehen wir, wie sich der Konflikt zwischen Unterhaltungskraft und Lehrwert zuspitzt. Es ist eine ganz bestimmte neue Art des Lernens, die sich nicht mehr mit einer bestimmten alten Art des Sichunterhaltens verträgt. In einer (späteren) Phase der Experimente führte jede neue Steigerung des Lehrwerts zu einer sofortigen Schwächung des Unterhaltungswerts. (»Das ist nicht mehr Theater, das ist Volkshochschule.«) Umgekehrt bedrohten die Nervenwirkungen, die von emotionellem Spiel ausgingen, immerzu den Lehrwert der Aufführung. (Schlechte Schauspieler waren oft im Interesse der Lehrwirkung guten vorzuziehen.) Mit anderen Worten: Je mehr das Publikum nervenmäßig gepackt war, desto weniger war es imstande zu lernen. Das heißt: Je mehr wir das Publikum zum Mitgehen,

Miterleben, Mitfühlen brachten, desto weniger sah es die Zusammenhänge, desto weniger lernte es, und je mehr es zu lernen gab, desto weniger kam Kunstgenuß zustande.

Dies war die Krise: Die Experimente eines halben Jahrhunderts, veranstaltet in beinahe allen Kulturländern, hatten dem Theater ganz neue Stoffgebiete und Problemkreise erobert und es zu einem Faktor von eminenter sozialer Bedeutung gemacht. Aber sie hatten das Theater in eine Lage gebracht, wo ein weiterer Ausbau des erkenntnismäßigen, sozialen (politischen) Erlebnisses das künstlerische Erlebnis ruinieren mußte. Andererseits kam das künstlerische Erlebnis immer weniger zustande ohne den weiteren Ausbau des erkenntnismäßigen. Es war ein technischer Apparat und ein Darstellungsstil ausgebaut worden, der eher Illusionen als Erfahrungen, eher Räusche als Erhebungen, eher Täuschung als Aufklärung erzeugen konnte.

Was hatte eine konstruktivistische Bühne genützt, wenn sie nicht sozial konstruktiv war, was nützten die schönsten Lichtanlagen, wenn sie nur schiefe und kindische Darstellungen der Welt beleuchteten, was nützte eine suggestive Schauspielkunst, wenn sie nur dazu diente, uns ein X für ein U vorzumachen? Was half die ganze Zauberkiste, wenn sie nur künstlichen Ersatz für wirkliche Erlebnisse bieten konnte? Wozu dieses ständige Beleuchten von Problemen, die immer ungelöst blieben? Dieses Kitzeln nicht nur der Nerven, sondern auch des Verstandes? Hier konnte man nicht haltmachen.

Die Entwicklung drängte auf eine Verschmelzung der beiden Funktionen Unterhaltung und Belehrung.

Wenn die Bemühungen einen sozialen Sinn bekommen sollten, so mußten sie das Theater am Schluß instand setzen, mit künstlerischen Mitteln ein Weltbild zu entwerfen, Modelle des Zusammenlebens der Menschen, die es dem Zuschauer ermöglichen konnten, seine soziale Umwelt zu verstehen und sie verstandesmäßig und gefühlsmäßig zu beherrschen.

Der heutige Mensch weiß wenig über die Gesetzlichkeiten, die sein Leben beherrschen. Er reagiert als gesellschaftliches Wesen meist gefühlsmäßig, aber diese gefühlsmäßige Reaktion ist verschwommen, unscharf, uneffektiv. Die Quellen seiner

Gefühle und Leidenschaften sind ebenso verschlammt und verunreinigt wie die Quellen seiner Erkenntnisse. Der heutige Mensch, lebend in einer sich rapid ändernden Welt und sich selber rapid ändernd, hat kein Bild dieser Welt, das stimmt und auf Grund dessen er mit Aussicht auf Erfolg handeln könnte. Seine Vorstellungen vom Zusammenleben der Menschen sind schief, ungenau und widersprechend, sein Bild ist, was man unpraktikabel nennen könnte, das heißt, mit seinem Bild von der Welt, der Menschenwelt, vor Augen kann der Mensch diese Welt nicht beherrschen. Er weiß nicht, wovon er abhängt, er kennt nicht den Griff in die soziale Maschinerie, der nötig ist, der den gewünschten Effekt hervorbringt. Die Kenntnis der Natur der Dinge, so sehr und so ingeniös vertieft und erweitert, ist ohne die Kenntnis der Natur des Menschen, der menschlichen Gesellschaft in ihrer Gesamtheit, nicht imstande, die Beherrschung der Natur zu einer Quelle des Glücks für die Menschheit zu machen. Weit eher wird sie zu einer Quelle des Unglücks. So kommt es, daß die großen Erfindungen und Entdeckungen nur eine immer schrecklichere Bedrohung der Menschheit geworden sind, so daß heute beinahe jede neue Erfindung nur mit einem Triumphschrei empfangen wird, der in einen Angstschrei übergeht.

Vor dem Krieg erlebte ich vor dem Radioapparat eine wahrhaft historische Szene: Das Institut des Physikers Niels Bohr in Kopenhagen wurde interviewt über eine umwälzende Entdeckung auf dem Gebiet der Atomzertrümmerung. Die Physiker berichteten, daß eine neue, ungeheure Kraftquelle entdeckt sei. Als der Interviewer fragte, ob eine praktische Ausnutzung der Versuche schon möglich sei, bekam er die Antwort: »Nein, noch nicht.« Im Tone der größten Erleichterung sagte der Interviewer: »Gott sei Dank! Ich glaube wirklich, daß die Menschheit für die Übernahme einer solchen Kraftquelle noch absolut nicht reif ist!« Es war klar, daß er sofort nur an die Kriegsindustrie gedacht hatte. Der Physiker Albert Einstein geht nicht ganz so weit, aber er geht immerhin weit genug, wenn er in ein paar wenigen Sätzen, die bei der Weltausstellung in New York in einer Kapsel eingegraben werden sollen, als einen Bericht an künftige Geschlechter über unsere Zeit folgendes schreibt: »Unsere Zeit ist reich an erfinderischen Geistern, deren Erfindungen unser Leben beträchtlich erleichtern könnten. Wir überqueren vermittels maschineller Kraft die Meere und benutzen auch maschinelle Kraft, um die Menschheit von aller ermüdenden Muskelarbeit zu befreien. Wir haben fliegen gelernt und sind fähig, Mitteilungen und Neuigkeiten durch elektrische Wellen über die ganze Welt zu verbreiten. Die Produktion und Verteilung der Waren ist jedoch ganz und gar nicht organisiert, so daß jedermann in Furcht leben muß, aus dem ökonomischen Kreislauf ausgeschieden zu werden. Außerdem morden die Menschen, die in verschiedenen Ländern leben, einander in unregelmäßigen zeitlichen Abständen, so daß jeder, der über die Zukunft nachdenkt, in Furcht leben muß. Dies kommt von der Tatsache, daß Intelligenz und Charakter der Massen unvergleichlich niedriger sind als Intelligenz und Charakter der wenigen, die für die Gemeinschaft Wertvolles hervorbringen.«

Einstein begründet also das Faktum, daß die Beherrschung der Natur, in der wir es so weit gebracht haben, so wenig zu einem glücklichen Leben der Menschen beiträgt, damit, daß es den Menschen im allgemeinen an Belehrung mangelt, wie sie die Entdeckungen und Erfindungen nützlich verwenden können.[2] Sie wissen zu wenig über ihre eigene Natur. Daß die Menschen so wenig über sich selber wissen, ist schuld daran, daß ihr Wissen über die Natur ihnen so wenig hilft. In der Tat, die ungeheuerliche Unterdrückung und Ausbeutung von Menschen durch Menschen, die kriegerischen Schlächtereien und friedlichen Entwürdigungen aller Art über den ganzen Planeten hin haben zwar schon beinahe etwas Natürliches bekommen, aber diesen natürlichen Erscheinungen gegenüber ist der Mensch leider keineswegs so erfinderisch und tüchtig wie gegenüber anderen natürlichen Erscheinungen. Die großen Kriege zum Beispiel scheinen unzähligen wie Erdbeben, also wie Naturgewalten, aber während sie mit den Erdbeben schon fertig werden, werden sie mit sich selber nicht fertig.

2 Wir brauchen hier nicht in eine sorgfältige Kritik des technokratischen Standpunkts des großen Gelehrten einzutreten. Natürlich wird das für die Gemeinschaft Nützliche durchaus von den Massen hervorgebracht, und die wenigen erfinderischen Geister sind sehr hilflos gegenüber dem ökonomischen Kreislauf der Waren. Es genügt uns hier, daß Einstein das Nichtwissen um gesellschaftliche Belange konstatiert, direkt und indirekt.

Es ist klar, wieviel gewonnen wäre, wenn zum Beispiel das Theater, wenn überhaupt die Kunst, imstande wäre, ein praktikables Weltbild zu geben. Eine Kunst, die das könnte, würde in die gesellschaftliche Entwicklung tief eingreifen können, sie würde nicht nur mehr oder weniger dumpfe Impulse verleihen, sondern dem fühlenden und denkenden Menschen die Welt, die Menschenwelt, für seine Praxis ausliefern.

Aber das Problem stellte sich in keiner Weise einfach. Schon die allererste Untersuchung ergibt, daß die Kunst, um ihre Aufgabe zu erfüllen, nämlich gewisse Emotionen zu erregen, gewisse Erlebnisse zu verschaffen, keineswegs stimmende Weltbilder, zutreffende Abbildungen von Vorfällen zwischen Menschen zu geben braucht. Sie erreicht ihre Wirkungen auch mit mangelhaften, trügerischen oder veralteten Weltbildern. Vermittels der künstlerischen Suggestion, die sie auszuüben weiß, gibt sie den ungereimtesten Behauptungen über menschliche Beziehungen den Anschein der Wahrheit. Sie macht ihre Darstellungen um so unkontrollierbarer, je mächtiger sie ist. Anstelle der Logik tritt der Schwung, anstelle der Argumente tritt die Beredsamkeit. Die Ästhetik verlangt zwar eine gewisse Wahrscheinlichkeit aller Vorgänge, weil sonst die Wirkungen nicht eintreten oder geschwächt werden. Aber dabei handelt es sich um eine rein ästhetische Wahrscheinlichkeit, eine sogenannte künstlerische Logik. Dem Dichter wird seine eigene Welt zugestanden, sie hat eine eigene Gesetzlichkeit. Sind die oder jene Elemente verzeichnet, so müssen nur auch alle andern Elemente verzeichnet werden und das Prinzip der Verzeichnung einigermaßen einheitlich sein, damit das Ganze gerettet wird.

Die Kunst erreicht dieses Privileg, ihre eigene Welt bauen zu dürfen, die sich mit der andern nicht zu decken braucht, durch ein eigentümliches Phänomen, durch die auf Basis der Suggestion hergestellte Einfühlung des Zuschauers in den Künstler und über ihn in die Personen und Vorgänge auf der Bühne. Das Prinzip der Einfühlung ist es, das wir nun zu betrachten haben.

Die Einfühlung ist ein Grundpfeiler der herrschenden Ästhetik. Schon in der großartigen Poetik des Aristoteles wird beschrieben, wie die Katharsis, das heißt die seelische Läuterung des Zuschauers, vermittels der *Mimesis* herbeigeführt wird. Der Schauspieler ahmt den Helden nach (den Ödipus oder den Prometheus), und er tut es mit solcher Suggestion und Verwandlungskraft, daß der Zuschauer ihn darin nachahmt und sich so in Besitz der Erlebnisse des Helden setzt. Hegel, der meines Wissens die letzte große Ästhetik verfaßt hat, verweist auf die Fähigkeit des Menschen, angesichts der vorgetäuschten Wirklichkeit die gleichen Emotionen zu erleben wie angesichts der Wirklichkeit selber. Was ich Ihnen nun berichten wollte, ist, daß eine Reihe von Versuchen, vermittels der Mittel des Theaters ein praktikables Weltbild herzustellen, zu der verblüffenden Frage geführt haben, ob es zu diesem Zweck nicht notwendig sein wird, die Einfühlung mehr oder weniger preiszugeben.

Faßt man nämlich die Menschheit mit all ihren Verhältnissen, Verfahren, Verhaltensweisen und Institutionen nicht als etwas Feststehendes, Unveränderliches auf und nimmt man ihr gegenüber die Haltung ein, die man der Natur gegenüber mit solchem Erfolg seit einigen Jahrhunderten einnimmt, jene kritische, auf Veränderungen ausgehende, auf die Meisterung der Natur abzielende Haltung, dann kann man die Einfühlung nicht verwenden. Einfühlung in änderbare Menschen, vermeidbare Handlungen, überflüssigen Schmerz und so weiter ist nicht möglich. Solange in der Brust des König Lear seines Schicksals Sterne sind, solange er als unveränderlich genommen wird, seine Handlungen naturbedingt, ganz und gar unhinderbar, eben schicksalhaft hingestellt werden, können wir uns einfühlen. Jede Diskussion seines Verhaltens ist so unmöglich, wie für den Menschen des zehnten Jahrhunderts eine Diskussion über die Spaltung des Atoms unmöglich war.

Kam der Verkehr zwischen Bühne und Publikum auf der Basis der Einfühlung zustande, dann konnte der Zuschauer nur jeweils so viel sehen, wie der Held sah, in den er sich einfühlte. Und er konnte bestimmten Situationen auf der Bühne gegenüber nur solche Gefühlsbewegungen haben, wie die »Stimmung« auf der Bühne ihm erlaubte. Die Wahrnehmungen, Gefühle und Erkenntnisse des Zuschauers waren denjenigen der auf der Bühne handelnden Personen gleichgeschaltet. Die Bühne konnte kaum Gemütsbewegungen erzeugen,

Wahrnehmungen gestatten und Erkenntnisse vermitteln, welche auf ihr nicht suggestiv repräsentiert wurden. Der Zorn des Lear über seine Töchter steckte den Zuschauer an, das heißt, der Zuschauer konnte, zuschauend, nur ebenfalls Zorn erleben, nicht etwa Erstaunen oder Beunruhigung, also andere Gemütsbewegungen. Der Zorn des Lear konnte also nicht auf seine Berechtigung hin geprüft oder mit Voraussagen seiner möglichen Folgen versehen werden. Er war nicht zu diskutieren, nur zu teilen. Die gesellschaftlichen Phänomene traten so als ewige, natürliche, unänderbare und unhistorische Phänomene auf und standen nicht zur Diskussion. Wenn ich hier den Begriff »Diskussion« gebrauche, so meine ich damit nicht eine leidenschaftslose Behandlung eines Themas, einen reinen Verstandesprozeß. Es handelte sich nicht darum, den Zuschauer gegen den Zorn des Lear lediglich immun zu machen. Nur die direkte Überpflanzung dieses Zorns mußte unterbleiben. Ein Beispiel: Der Zorn des Lear wird geteilt von seinem treuen Diener Kent. Dieser verprügelt einen Diener der undankbaren Töchter, der auftragsgemäß einen Wunsch Lears abzuweisen hat. Soll nun der Zuschauer unserer Zeit diesen Learschen Zorn teilen und, im Geiste an der Verprügelung des seinen Auftrag ausführenden Dieners teilnehmend, sie gutheißen? Die Frage lautete: Wie kann die Szene so gespielt werden, daß der Zuschauer im Gegenteil in Zorn über diesen Learschen Zorn gerät? Nur ein solcher Zorn, mit dem der Zuschauer aus der Einfühlung herausstürzt, den er überhaupt nur empfinden, der ihm überhaupt nur einfallen kann, wenn er den suggestiven Bann der Bühne bricht, ist sozial in unseren Zeiten zu rechtfertigen. Tolstoi hat gerade darüber ausgezeichnete Dinge gesagt.
Die Einfühlung ist das große Kunstmittel einer Epoche, in der der Mensch die Variable, seine Umwelt die Konstante ist. Einfühlen kann man sich nur in den Menschen, der seines Schicksals Sterne in der eigenen Brust trägt, ungleich uns.
Es ist nicht schwer, einzusehen, daß das Aufgeben der Einfühlung für das Theater eine riesige Entscheidung, vielleicht das größte aller denkbaren Experimente bedeuten würde.
Die Menschen gehen ins Theater, um mitgerissen, gebannt, beeindruckt, erhoben, entsetzt, ergriffen, gespannt, befreit, zerstreut, erlöst, in Schwung gebracht, aus ihrer eigenen Zeit

entführt, mit Illusionen versehen zu werden. All dies ist so selbstverständlich, daß die Kunst geradezu damit definiert wird, daß sie befreit, mitreißt, erhebt und so weiter. Sie ist gar keine Kunst, wenn sie das nicht tut.

Die Frage lautete also: Ist Kunstgenuß überhaupt möglich ohne Einfühlung oder jedenfalls auf einer andern Basis als der Einfühlung?

Was konnte eine solche neue Basis abgeben?

Was konnte an die Stelle von *Furcht* und *Mitleid* gesetzt werden, des klassischen Zwiegespanns zur Herbeiführung der aristotelischen Katharsis? Wenn man auf die Hypnose verzichtete, an was konnte man appellieren? Welche Haltung sollte der Zuhörer einnehmen in den neuen Theatern, wenn ihm die traumbefangene, passive, in das Schicksal ergebene Haltung verwehrt wurde? Er sollte nicht mehr aus seiner Welt in die Welt der Kunst entführt, nicht mehr gekidnappt werden; im Gegenteil sollte er in seine reale Welt eingeführt werden, mit wachen Sinnen. War es möglich, etwa anstelle der Furcht vor dem Schicksal die Wissensbegierde zu setzen, anstelle des Mitleids die Hilfsbereitschaft? Konnte man damit einen neuen Kontakt schaffen zwischen Bühne und Zuschauer, konnte das eine neue Basis für den Kunstgenuß abgeben?

Ich kann die neue Technik des Dramenbaus, des Bühnenbaus und der Schauspielweise, mit der wir Versuche anstellten, hier nicht beschreiben. Das Prinzip besteht darin, anstelle der Einfühlung die *Verfremdung* herbeizuführen.

Was ist Verfremdung?

Einen Vorgang oder einen Charakter verfremden heißt zunächst einfach, dem Vorgang oder dem Charakter das Selbstverständliche, Bekannte, Einleuchtende zu nehmen und über ihn Staunen und Neugierde zu erzeugen. Nehmen wir wieder den Zorn des Lear über die Undankbarkeit seiner Töchter. Vermittels der Einfühlungstechnik kann der Schauspieler diesen Zorn so darstellen, daß der Zuschauer ihn für die natürlichste Sache der Welt ansieht, daß er sich gar nicht vorstellen kann, wie Lear nicht zornig werden könnte, daß er mit Lear völlig solidarisch ist, ganz und gar mit ihm mitfühlt, selber in Zorn verfällt. Vermittels der Verfremdungstechnik hingegen stellt der Schauspieler diesen Learschen

Zorn so dar, daß der Zuschauer über ihn staunen kann, daß er sich noch andere Reaktionen des Lear vorstellen kann als gerade die des Zornes. Die Haltung des Lear wird verfremdet, das heißt, sie wird als eigentümlich, auffallend, bemerkenswert dargestellt, als gesellschaftliches Phänomen, das nicht selbstverständlich ist. Dieser Zorn ist menschlich, aber nicht allgemein menschlich, es gibt Menschen, die ihn nicht empfänden. Nicht bei allen Menschen und nicht zu allen Zeiten müssen die Erfahrungen, die Lear macht, Zorn auslösen. Zorn mag eine ewig mögliche Reaktion der Menschen sein, aber dieser Zorn, der Zorn, der sich so äußert und seine solche Ursache hat, ist zeitgebunden. Verfremden heißt also Historisieren, heißt Vorgänge und Personen als historisch, also als vergänglich darstellen. Dasselbe kann natürlich auch mit Zeitgenossen geschehen, auch ihre Haltungen können als zeitgebunden, historisch, vergänglich dargestellt werden.

Was ist damit gewonnen? Damit ist gewonnen, daß der Zuschauer die Menschen auf der Bühne nicht mehr als ganz unänderbare, unbeeinflußbare, ihrem Schicksal hilflos ausgelieferte dargestellt sieht. Er sieht: dieser Mensch ist so und so, weil die Verhältnisse so und so sind. Und die Verhältnisse sind so und so, weil der Mensch so und so ist. Er ist aber nicht nur so vorstellbar, wie er ist, sondern auch anders, so wie er sein könnte, und auch die Verhältnisse sind anders vorstellbar, als sie sind. Damit ist gewonnen, daß der Zuschauer im Theater eine neue Haltung bekommt. Er bekommt den Abbildern der Menschenwelt auf der Bühne gegenüber jetzt dieselbe Haltung, die er als Mensch dieses Jahrhunderts der Natur gegenüber hat. Er wird auch im Theater empfangen als der große Änderer, der in die Naturprozesse und die gesellschaftlichen Prozesse einzugreifen vermag, der die Welt nicht mehr nur hinnimmt, sondern sie meistert. Das Theater versucht nicht mehr, ihn besoffen zu machen, ihn mit Illusionen auszustatten, ihn die Welt vergessen zu machen, ihn mit seinem Schicksal auszusöhnen. Das Theater legt ihm nunmehr die Welt vor zum Zugriff.

Die Verfremdungstechnik wurde in Deutschland in einer neuen Kette von Experimenten ausgebaut. Am Schiffbauerdammtheater in Berlin wurde versucht, einen neuen Darstellungsstil auszubilden. Die Begabtesten der jüngeren Schauspielergeneration arbeiteten mit. Es handelte sich um die Weigel, um Peter Lorre, Oskar Homolka, die Neher und Busch. Die Versuche konnten nicht so methodisch durchgeführt werden wie die (andersgearteten) der Stanislawski-, Meyerhold- und Wachtangowgruppe (es gab keine staatliche Unterstützung), aber sie wurden dafür auf breiterem Feld, nicht nur im professionellen Theater, ausgeführt. Die Künstler beteiligten sich an Versuchen von Schulen, Arbeiterchören, Amateurgruppen und so weiter. Von Anfang an wurden Amateure mit ausgebildet. Die Versuche führten zu einer großen Vereinfachung in Apparat, Darstellungsstil und Thematik.

Es handelte sich durchaus um eine Fortführung der früheren Experimente, besonders der des Piscatortheaters. Schon in Piscators letzten Versuchen hatte der konsequente Ausbau des technischen Apparats schließlich dazu geführt, daß die nunmehr beherrschte Maschinerie eine schöne Einfachheit des Spiels gestattete. Der sogenannte *epische* Darstellungsstil, den wir am Schiffbauerdammtheater ausbildeten, zeigte verhältnismäßig schnell seine artistischen Qualitäten, und die *nichtaristotelische Dramatik* ging daran, die großen sozialen Gegenstände groß zu behandeln. Es eröffneten sich Möglichkeiten, die tänzerischen und gruppenkompositorischen Elemente der Meyerholdschule aus künstlichen in künstlerische zu verwandeln, die naturalistischen der Stanislawskischule in realistische. Die Sprechkunst wurde mit der Gestik verknüpft, Alltagssprache und Versrezitation durch das sogenannte *gestische Prinzip* ausgeformt. Vollständig revolutioniert wurde der Bühnenbau. Die Piscatorschen Prinzipien gestatteten, frei gehandhabt, den Aufbau einer sowohl instruktiven als auch schönen Bühne. Symbolismus und Illusionismus konnten gleichermaßen liquidiert werden, und das *Nehersche* Prinzip des Aufbaus der Dekoration nach den auf den Schauspielerproben festgelegten Bedürfnissen erlaubte es dem Bühnenbauer, aus dem Spiel der Schauspieler Gewinn zu ziehen und dieses Spiel zu beeinflussen. Der Stückeschreiber vermochte seine Versuche in ununterbrochener Zusammenarbeit mit dem Schauspieler und dem Bühnenbauer vorzunehmen, beeinflußt und beeinflussend. Zugleich gewannen Maler und Musiker ihre Selbständigkeit zurück und konnten zum Thema sich vermittels ihrer eigenen Kunstmittel äußern: Das Gesamt-kunstwerk trat in getrennten Elementen vor den Zuschauer.

Das *klassische Repertoire* bildete von Anfang an die Basis vieler der Versuche. Die Kunstmittel der Verfremdung eröffneten einen breiten Zugang zu den lebendigen Werten der Dramatiken anderer Zeitläufte. Es wird durch sie möglich, ohne zerstörende Aktualisierungen und ohne Museumsverfahren die wertvollen alten Stücke unterhaltend und belehrend aufzuführen.

Für das zeitgenössische Amateurtheater (der Arbeiter-, Studenten- und Kinderschauspieler) macht sich die Befreiung von dem Zwang, Hypnose auszuüben, besonders günstig bemerkbar. Es wird denkbar, Grenzen zu ziehen zwischen dem Spiel von Amateur- und Berufsschauspieler, ohne daß eine der Grundfunktionen des Theaterspielens aufgegeben werden muß.

Auf der neuen Grundlage konnten zum Beispiel so divergierende Spielweisen wie die etwa der Wachtangow- oder Ochlopkowtruppe und die der Arbeitertruppen vereint werden. Die so verschiedenartigen Experimente eines halben Jahrhunderts schienen eine Basis für ihre Ausnutzung gefunden zu haben.

Jedoch sind diese Experimente nicht so einfach zu beschreiben, und ich muß hier einfach behaupten, daß wir meinen, Kunstgenuß tatsächlich auf der Basis der Verfremdung ermöglichen zu können. Dies ist nicht allzusehr überraschend, da ja, rein technisch gesehen, auch das Theater vergangener Epochen schon künstlerische Wirkungen mit Verfremdungseffekten erzielt hat, so das chinesische Theater, das klassische spanische Theater, das volkstümliche Theater der Breughelzeit und das elisabethanische Theater.

Ist dieser neue Darstellungsstil nun *der* neue Stil, ist er eine fertige, überblickbare Technik, das endgültige Resultat aller Experimente? Antwort: Nein. Er ist *ein* Weg, der, den *wir* gegangen sind. Die Versuche müssen fortgesetzt werden. Das Problem besteht für alle Kunst und ist riesig. Die Lösung, die hier angestrebt wird, ist nur *eine* der vielleicht möglichen Lösungen des Problems, das so lautet: Wie kann das Theater zugleich unterhaltend und lehrhaft sein? Wie kann es aus dem geistigen Rauschgifthandel herausgenommen und aus einer Stätte der Illusionen zu einer Stätte der Erfahrungen gemacht werden? Wie kann der unfreie, unwissende, freiheits- und wissensdurstige Mensch unseres Jahrhunderts, der gequälte und heroische, mißbrauchte und erfindungsreiche, änderbare und die Welt ändernde Mensch dieses schrecklichen und großen Jahrhunderts sein Theater bekommen, das ihm hilft, sich und die Welt zu meistern?

1939/40

[Verblüffen durch neue Formen]

Die Übernahme des bürgerlichen Theaters für die revolutionären Zwecke des Proletariats sehen einige von uns als einen sehr einfachen Vorgang an. Die Portiers lassen ein neues Publikum in den Zuschauerraum, und die Schauspieler bekommen einen neuen Text ausgehändigt. Die Leidenschaftlichkeit, die sie gestern gezeigt haben, wenn die Bühnengattin fremd ging, zeigen sie heute, wenn der Bühnenkapitalist die Löhne senkt. Das Publikum ist nicht mehr gespannt, ob der Romeo die Julia, sondern, ob das Proletariat die Macht kriegt. Als hundert Prozent richtig werden von den Bühnenfiguren am Schluß nicht die Ansichten Bernard Shaws, sondern die Ansichten Karl Marxens erkannt. Zeigt sich das Publikum der Themen überdrüssig, dann entdecken einige feinere Köpfe, daß auch die Liebe, überhaupt jeder beliebige Vorgang, den die Bühne seit jeher darstellt, marxistisch gesehen werden kann. Die Leidenschaftlichkeit des Schauspielers zeigt sich wieder, wenn die Bühnengattin fremd geht, die Spannung ist, ob der Romeo die Julia kriegt, nur eines bleibt: Marx hat recht und nicht Shaw. Die Dramaturgen dieser Entwicklungsphase verweisen meist mit Erfolg auf gewisse Vorgänge der ersten Phase, wo einige Leute, in dem mehr oder minder dunklen Gefühl, die Änderung bei der Übernahme des bürgerlichen Theaters zu den revolutionären Zwecken des Proletariats müsse eine einschneidendere sein, selber im theatralischen Sinn ein revolutionärer Akt, etwas zu weit gingen, jede Tür schief, jede Geste mechanisch gemacht hatten, hauptsächlich, um eben zu ändern. Das Verblüffen durch neue Formen, Absonderlichkeiten, Tricks, das Auswechseln von Stilen, die Modecharakter bekamen, florierte zudem schon lange, ohne daß irgendwelche revolutionäre Tendenzen dabei im Spiel gewesen wären.

Ist die kritische Haltung
eine unkünstlerische Haltung?

I

Es ist klar, daß jede Technik, welche die restlose Einfühlung beabsichtigt, die kritischen Fähigkeiten des Zuschauers lahmlegen können muß. Die Kritik erhebt sich dann nur, wenn die Einfühlung nicht zustande kommt oder aussetzt. Und sie hat als Objekt lediglich diese Störung. Es ist kein Wunder, wenn unter diesen Umständen die berufsmäßige Zeitungsreportage über theatralische Darbietungen, die sich immer noch Kritik heißt, mehr und mehr zu einer Sammlung von kulinarischen Naturlauten herabgesunken ist, einem in irgendwelche Worte gebrachten Schmatzen oder Aufstoßen. Aber uns handelt es sich nicht um die Stellungnahme der berufsmäßigen Vorschmecker, wenn wir von Kritik sprechen. Wir sprechen von der Stellungnahme des Zuschauers, uns ist es um seine Emanzipation zu tun, und zwar um seine Emanzipation vom »totalen« Kunsterlebnis. Damit soll nicht ein Ersatz für das Kunsterlebnis schlechthin angeboten werden: Nur die widerspruchsarme, widerspruchsentleerte Totalität dieses Erlebnisses soll angegriffen werden. Die Schauspielkunst braucht der Einfühlung nicht völlig zu entraten, jedoch muß sie – und das kann sie, ohne ihren Kunstcharakter zu verlieren – die kritische Haltung des Zuschauers noch ermöglichen. Diese kritische Haltung ist nichts Kunstfeindliches, wie oft geglaubt wird, sie ist sowohl genußvoll als emotional, sie ist selber ein Erlebnis, und sie ist vor allem eine produktive Haltung. Es ist einer der Hauptsätze der Theorie des epischen Theaters, *daß die kritische Haltung eine künstlerische Haltung sein kann.* Die Kritik des Zuschauers ist eine doppelte. Sie betrifft die Darstellung des Schauspielers (hat er recht mit seiner Darstellung?) und die Welt, die er darstellt (soll sie so bleiben?). Und es gilt eine Technik der Darstellung zu schaffen, die, im Gegensatz zu jeder Technik, welche die restlose Einfühlung beabsichtigt, eine solche kritische Haltung des Zuschauers gewährleistet.

Zweifellos verwandelt der V-Effekt die zustimmende, einfühlende Haltung des Zuschauers in eine kritische Haltung. In einer kritischen Haltung sieht man, alter Gewohnheit folgend, eine vorwiegend negative Haltung. Für viele macht die kritische Haltung gerade den Unterschied der wissenschaftlichen zur künstlerischen Haltung aus. Man kann sich das Widersprechen und das Distanzieren nicht in den Kunstgenuß hineindenken. Natürlich hat man auch im üblichen Kunstgenuß eine höhere Stufe, die kritisch genießt, aber die Kritik betrifft hier nur das Artistische; demgegenüber ist es etwas ganz anderes, wenn nicht die künstlerische Darstellung der Welt, sondern die Welt selber kritisch, widersprechend, distanzierend betrachtet werden soll.

Um diese kritische Haltung in die Kunst einzuführen, muß man das zweifellos vorhandene negative Moment in seiner Positivität zeigen: Diese Kritik an der Welt ist eine aktive, handelnde, positive Kritik. Den Lauf eines Flusses kritisieren, heißt da, ihn verbessern, ihn korrigieren. Die Kritik der Gesellschaft ist die Revolution. Das ist zu Ende gebrachte, exekutive Kritik. Eine kritische Haltung dieser Art ist ein Moment der Produktivität, als solches tief genußvoll, und wenn wir Operationen, welche das Leben der Menschen verbessern, im schlichten Sprachgebrauch Künste nennen, warum soll da die Kunst ihrerseits sich von solchen Künsten distanzieren?

Wir haben, um unsere Untersuchung beginnen zu können, darauf verzichtet, von Kunst zu sprechen, was unsere neuen Bemühungen betrifft, um nicht von all den alten Vorstellungen, die sich an »die« Kunst knüpfen, behindert zu sein, Vorstellungen außer Kurs zu setzen versucht, die nur durch die historische, zeitweise momentane Ausübung von Kunst den Begriff der Kunst so sehr fixiert haben. Nunmehr führen wir die Kunst wieder ein, da wir zur Ausübung dessen, was wir ausüben wollen, Kunst benötigen. Wir können unsere Darstellungen des menschlichen Zusammenlebens nicht ohne Kunst zustande bringen. Wir benötigen diese freien, schöpferischen, phantasievollen Fähigkeiten, dieses Verdichten, Leichtmachen, den Kern Treffen.

K-Typus und P-Typus

Die Dramatik im Zeitalter der Wissenschaft

Es ist unvermeidlich, daß die Dramatik, soweit sie eine Dramatik großer Gegenstände ist, in immer engere Beziehungen zur Wissenschaft gerät. Die Beziehungen sind verschiedener Natur. Einmal handelt es sich um direkte Belehrung, welche die Dramatik aus einigen Wissenschaften schöpft. Um ein Stückchen Lyrik zu formen, mag man zur Not noch ohne Studium auskommen, zur Not, denn mir ist kein Gedicht bekannt, das in unserer Zeit entstanden und einem durchaus ungebildeten Manne zuzutrauen wäre, jemandem, auf den nicht wissenschaftliche Erkenntnisse in der oder jener Form eingewirkt hätten. Für ein so weitläufiges vieldeutiges Werk wie ein Theaterstück, das es unternimmt, das gesellschaftliche Zusammenleben der Menschen darzustellen, genügt bestimmt nicht das Wissen, das die eigene Praxis vermittelt. Die Handlungsweisen unserer Zeitgenossen sind ohne Zuhilfenahme von Ökonomie und Politik nicht zu verstehen. Es ist optimistisch, zu glauben, der Dichter könne auch heute noch etwas darstellen, ohne es zu verstehen. Und er wird umsonst nach sogenannten »einfachen menschlichen Vorgängen« fahnden; es gibt sie nicht mehr. Er benötigt in steigendem Maße Belehrung durch die Wissenschaften. Und langsam beginnt auch seine Kunst selber eine Wissenschaft, zumindest eine Technik zu entwickeln, und zwar eine Technik, die sich zu der früherer Generationen nicht viel anders verhält als die Chemie zur Alchimie. Die Mittel der Darstellung fangen an, etwas anderes zu werden als bloße Kunstgriffe. Aber entscheidend wird die neue Wendung, wo die Dramatik sich in ihrer Funktion den Wissenschaften angleicht. Das letztere ist als etwas, was weitergeht als die Benutzung wissenschaftlicher Erkenntnisse, nicht ganz leicht zu begreifen.

I

Bei dem Versuch, aufschlußreiche Darstellungen des gesellschaftlichen Zusammenlebens der Menschen auf das Theater
zu bringen, stieß die neue Dramatik auf große Schwierigkeiten, die sich aus der gesellschaftlichen Funktion des zeitgenössischen Theaters ergaben. Je besser ihre Darstellungen wurden, das heißt, je mehr sie für das Handeln des Zuschauers
hergaben, desto mehr gerieten sie in Widerstreit mit der alten
gesellschaftlichen Funktion des Theaters, desto weniger konnte dieses mit ihnen anfangen. Das zeitgenössische Theater
gibt, wo es ernsthaft ist, immer mehr verbesserte Darstellungen des gesellschaftlichen Zusammenlebens der Menschen. Es
ist lange Zeit versucht worden, diese Verbesserungen im Einklang zu halten mit der alten gesellschaftlichen Funktion des
Theaters. Nunmehr scheint jedoch die Grenze der möglichen
Verbesserungen auf der alten Grundlage erreicht. Um die
Behandlung des Themas zu erleichtern, werden im folgenden
zwei Vergleiche für einander entgegengesetzte Typen von
Dramatik gebraucht (sie sollen nur der vorläufigen Klarstel-
lung dienen und können dann wieder fallengelassen werden,
da sie allerhand Gebrechen haben).
Der neue Typus soll verglichen werden mit einer allbekann-
ten Einrichtung für astronomische Demonstrationen, dem
Planetarium. Das Planetarium zeigt die Bewegungen der Ge-
stirne, soweit sie uns bekannt sind. Bevor wir für die Dramatik einen P-Typus reklamieren, müssen wir allerdings auf-
merksam machen auf die Schranken, die der Mechanik gesetzt sind und die immer deutlicher werden. Wenn uns in den
Planetarien das Gesetzmäßige der Gestirnbewegungen nicht
eben menschlich vorkommt, so ist zu sagen, daß es auch nichts
Gestirnmäßiges ist. Diese ingeniöse Apparatur hat noch einen
Mangel, und zwar da, wo sie zu schematisch ist; ihre vollkommenen Kreise und Ellipsen geben die wirklichen Bewegungen nur unvollkommen wieder, da diese, wie wir wissen,
unregelmäßiger sind. Unsere Dramatik muß die Bewegungen
der Menschen nicht als mechanische darstelllen, denn wenn

wir auch auf mittlere summarische Aussagen hinauswollen – andere Voraussagen als solche über Massen von Menschen zum Beispiel können wir kaum machen –, so müssen wir doch diesen mittleren summarischen Charakter unserer Aussagen stark betonen, indem wir den Einzelfall, mit dem wir es in der Dramatik zu tun haben, als solchen bezeichnen, seine Abweichungen vom »Gesetzmäßigen« immer wieder angeben. Nur so kommen wir zu einigermaßen verwertbaren Darstellungen der vermutlichen Folgen bestimmter menschlicher Verhaltungsweisen, welche wieder menschliche Verhaltungsweisen sind. So neuartig immer wir uns als Dramatiker, die wir sind, benehmen mögen, wenn wir die Theater wie Planetarien verwenden, wir bewegen uns auf dem morschen Boden einer sehr alten Wissenschaft, der Newtonschen Mechanik.

Es muß uns klar sein, daß wir uns neuartig benehmen. Um uns dessen zu vergewissern, führen wir unsern zweiten Vergleich durch, den des alten Theaters mit einem Karussell. Am besten wählen wir eines jener weitläufigen Karusselle, die uns auf hölzernen Rossen oder Autos oder Flugzeugen an allerhand auf die Wände gemalten Darstellungen von Gebirgslandschaften vorübertragen. Wir können auch eines finden, das uns in fiktive gefährliche Umgebungen schleppt. Fiktiverweise reiten, fliegen, steuern wir selber. Durch Musik wird eine Art sehr leichten Trancezustandes erzeugt. Die Rosse, Fahr- und Flugzeuge würden den Untersuchungen der Zoologen und Ingenieure, die Wandbemalungen denen der Geographen nicht standhalten, wir gelangen jedoch zu gewissen Empfindungen reitender, fahrender und fliegender Leute. Die Sensationen wechseln: Wir haben einerseits das Gefühl, von dem Mechanismus unweigerlich mitgerissen zu werden (es gibt da Höhen und Tiefen), andrerseits die Fiktion, selber zu dirigieren. Es ist nur teilweise eine Fiktion, wenn wir uns auf einem Karussell tätiger fühlen als in einem Planetarium: Zumindest bewegen wir uns doch selber und betrachten nicht nur. Um zur Aufstellung eines K-Typus für die Dramatik zu gelangen, müssen wir natürlich das Bunte und ein wenig Bizarre, Kindliche unseres Vergleichs entschuldigen. Wir brauchen von ihm nur das Moment der Einfühlung und der Fiktion. Er dient uns dazu, die Aussichten zu beurteilen, die wir haben, wenn wir die Funktionen eines Planetariums mit denen eines Karussells in Einklang bringen wollten. Man sieht auf einen Blick, wie nutzlos es etwa wäre, die Darstellungen der Landschaften und gefährlichen Gegenden oder die der Fahrzeuge in realistischem Sinn zu verbessern. Wir würden auch mit so verbesserten Darstellungen kaum in der Lage sein, die Besucher unseres Karussells über das Reiten, Fliegen, Steuern und über die Umwelt entscheidend besser zu unterrichten. Was das Mechanische betrifft, so hat die Dramatik vom K-Typus (die Einfühlungs-, Fiktions-, Erlebnisdramatik) dieses mit der Dramatik vom P-Typus (der kritischen, realistischen Dramatik) gemein, jedoch ist es da schwerer zu entdecken. Der Lyrismus und Subjektivismus der älteren Dramatik verdeckt den Schematismus und die Kalkulation in ihren Darstellungen der Welt. Die ästhetischen Regeln tun der Welt noch den geringsten Schaden an, nur in den schwächeren Werken verkrüppeln sie diese ganz. Die schlimmeren Täuschungen passieren, wo – weil die Gesellschaft der betreffenden Epoche da ihre bestimmte Ohnmacht im Realen hat – Symbole und »Wesenheiten« auftauchen, die weiterer menschlicher Einflußnahme nicht mehr unterliegen, »ewige Triebe und Leidenschaften«, »göttliche Maxime«. In diesem Punkt bringen die besten Werke grobe Verzeichnungen der Wirklichkeit hervor, ihre Erlebbarkeit leidet darunter keineswegs, sie ist kein gültiges Kriterium. Die Aktivisierung des Zuschauers im K-Typus der Dramatik stellt sich mehr und mehr als eine sehr zweifelhafte heraus: Wir haben allen Grund, an den Impulsen, die sie angeblich dem Zuschauer für sein reales gesellschaftliches Leben geben, zu zweifeln. Die Dramatik vom P-Typus, die auf den ersten Blick den Zuschauer so sehr viel mehr sich selber überläßt, setzt ihn doch mehr instand, zu handeln. Ihr sensationeller Schritt, die Einfühlung des Zuschauers weitgehend aufzugeben, hat nur den Zweck, die Welt in ihren Darstellungen dem Menschen auszuliefern, anstatt, wie es die Dramatik vom K-Typus tut, der Welt den Menschen auszuliefern.

Es ist ein Unterschied, ob ich einen andern darstelle oder mich und ob ich einen andern dargestellt sehe oder mich. Der K-Typus der Dramatik verlangt vom Schauspieler, daß er *sich* zeigt, sich in verschiedenen Situationen, Berufen, seelischen Zuständen, vom Zuschauer, daß er ebenfalls *sich* sehe, sich in verschiedenen Situationen, Berufen, seelischen Zuständen. Der P-Typus verlangt vom Schauspieler, daß er andere zeige, vom Zuschauer, daß er andere sehe. Der Zuschauer ist beim K-Typus aktiv, jedoch nur fiktiv, beim P-Typus passiv, jedoch nur vorläufig. Immerhin kann man für den K-Typus einwenden, daß der Zuschauer bei ihm ebenfalls nur vorläufig *fiktiv* aktiv sei; vom Standpunkt des P-Typus aus müßte man entgegnen, daß für die spätere Aktion dann die nötige Instruktion fehle. Der K-Typus kann geltend machen, daß man auch bei ihm lernen könne, allerdings nicht vermittels der überspitzten Vernünftigkeit des P-Typus; der letztere, daß auch er Emotionen hervorrufe, allerdings nicht die ungereinigten und wilden des K-Typus. Tatsächlich versucht der P-Typus, sich von der Last zu befreien, vermittels seiner Darstellungen der Welt Emotionen erregen zu müssen, dagegen hat er nichts gegen Emotionen, die auf Grund seiner Darstellungen sich einstellen.

Ein unzulässiger Einwand scheint mir zu sein, der P-Typus versuche die Geschäfte der Wissenschaft zu besorgen, da man mit mindestens demselben Recht dem K-Typus vorwerfen kann, er besorge die Geschäfte der Religion. Daß man die Religion für eine nähere Verwandte der Kunst hält als die Wissenschaft, ist für die Kunst nicht eben schmeichelhaft.

Der K-Typus der Dramatik verwandelt, gegen Eintrittsgeld, seine Zuschauer kunstvoll in König, Liebhaber, Klassenkämpfer, kurz, in was ihr wollt. Aber im nüchternen Licht des nächsten Vormittags führen die Könige dann die Tramways, die Liebhaber händigen ihren Frauen kleine Lohntüten aus, und die Klassenkämpfer stehen um die Erlaubnis an, ausgebeutet zu werden. Der P-Typus läßt die Zuschauer das sein, was sie sind: Zuschauer. Und sie sehen ihre Feinde und ihre Bundesgenossen.

Der K-Typus vermag starke Appetite zu erwecken, es ist jedoch fraglich, ob er die Wege zu ihrer Befriedigung zu weisen vermag. Ist das Ziel nah und gut sichtbar, der Weg glatt, die Kraft ausreichend, dann kann der K-Typus gute Dienste leisten. Die Bolschewiki ersetzten 1917 im Bürgerkrieg, als sie die Leningrader Oper an die Front transportierten, Nahrung und Heizmaterial durch Musik und gewannen darüber hinaus noch wertvolle Kampfimpulse. Es hätte auch die Oper »La Traviata« sein können. Die Arbeiter- und Kleinbürgerfrauen erkämpften in der Weimarer Republik nach einem Besuch des »§ 218« von den Krankenkassen die Bezahlung von Kontrazeptionsmitteln. Das ist nicht zu unterschätzen. Aber die großen Kämpfe der Klassen verlangen viel. Das Gesicht des Feindes ist schwer zu lesen, die Vereinigung der Menschen gleicher Interessen ist schwierig, die Kämpfe dauern lang, und die Impulse dauern kurz. Die Emotionen sind trügerisch, die Quellen des Instinkts sind künstlich verunreinigt.

Um zu begreifen, daß durch die obenerwähnte Verwertung wissenschaftlicher Kriterien eine Dramatik sich noch nicht in der Funktion den Wissenschaften angleicht, muß man das Phänomen der *Einfühlbarkeit* betrachten, das von der Kunst untrennbar scheint, und zwar, ob sie ihre Modelle der Welt wissenschaftlichen Kriterien unterwirft oder nicht. Die Verwertung wissenschaftlicher Kriterien beim Bau künstlerischer Modelle der Welt hatten, wie man annehmen darf, wenn nicht den Erfolg, so doch den Zweck, die Einfühlbarkeit zu erhalten. Der kritischere Zuschauer unserer Tage konnte sich bei allzusehr klaffendem Zwiespalt zwischen der Welt auf dem Theater und der Welt der Wirklichkeit, nicht mehr genügend einfühlen.

Erst mit diesem Schritt kann man von einer Angleichung der Funktionen einer Kunst und einiger Wissenschaften sprechen. Die Verwertung wissenschaftlicher Kriterien, vorgenommen zur Verstärkung der Einfühlbarkeit, hatte zu ihrer stärksten Bedrohung geführt.
Es ist nicht verwunderlich, daß eine Dramatik bei dem Versuch, in ihrer Weise die Besitznahme der Welt zu ermöglichen, indem sie die Welt dort bloßlegt, wo in ihre Prozesse gesell-

schaftlich eingegriffen werden kann, jene Art und Weise in die Krise geraten sieht, durch die ihr Zuschauer sich in den Besitz des Kunstwerks setzt. Die Krise der Einfühlung zeigt sich in beinahe allen jenen Werken der neueren Dramatik, welche soziale Auswirkungen erstrebten.

Kleines Privatissimum für meinen
Freund Max Gorelik

1

Der moderne Stückeschreiber (oder Bühnenbauer) steht in einem weit komplizierteren Verhältnis zu seinem Publikum als der Händler zu seiner Kundschaft. Aber selbst der Kunde hat dem Händler gegenüber nicht immer recht, indem er keineswegs eine unveränderliche, völlig erforschte, endgültige Erscheinung darstellt. Gewisse Appetite und Gewohnheiten können beim Kunden künstlich erzeugt werden – mitunter müssen sie auch nur entdeckt werden. Der Farmer wußte nicht seit jeher, daß er einen Fordwagen brauchte oder brauchen konnte. Die schnelle ökonomische und soziale Entwicklung dieses Zeitalters verändert den Zuschauer rapid und gründlich, fordert von ihm und ermöglicht ihm immerfort neue Arten des Denkens, Fühlens und Benehmens. Außerdem steht, Hannibal ante portas, eine neue Klasse vor den Toren des Theaters.

2

Der verschärfte Klassenkampf erzeugt in unserm Publikum solche Interessengegensätze, daß es ganz außerstande ist, einheitlich und spontan auf Kunst zu reagieren. Deshalb kann der Künstler nicht den spontanen Erfolg als gültiges Kriterium seines Werkes benutzen. Auch die unterdrückte Klasse kann er nicht blind als schnellen Richter anerkennen, denn ihr Geschmack und ihr Instinkt ist eben unterdrückt.

3

In einer solchen Zeit ist der Künstler darauf angewiesen, das zu machen, was ihm selber gefällt, in der Hoffnung, er selber stelle den idealen Zuschauer dar. Das bringt ihn noch nicht in einen Elfenbeinturm, solang er angestrengt bemüht ist, die Kämpfe der Unterdrückten mitzukämpfen, ihre Interessen zu entdecken und zu vertreten und seine Kunst für sie zu entwickeln. Aber selbst in einem Elfenbeinturm sitzt er heute besser als in einer Hollywoodvilla.

4

Viel Verwirrung stiftet der Wunsch, gewisse Wahrheiten in Form verzuckerter Pillen einzuschmuggeln, das heißt den Rauschgifthandel dadurch auf eine moralisch höhere Stufe heben zu wollen, daß man Berauschten die Wahrheit beibringt: Sie können sie nicht erkennen, bestimmt aber, wieder nüchtern geworden, nicht erinnern.

5

Die Art und Weise, wie am Broadway oder in Hollywood gewisse Spannungen und Emotionen erzeugt werden, mag kunstvoll sein, jedoch dient sie nur dazu, die entsetzliche Langeweile zu bekämpfen, welche eine ewige Wiederholung der Unwahrheit und Dummheit in jedem Publikum erzeugt. Diese »Technik« wird dazu verwendet und ist dazu entwikkelt, an Dingen und Ideen Interesse zu erwecken, die nicht im Interesse des Publikums sind.

6

Das Theater der parasitären Bourgeoisie erzeugt eine ganz bestimmte Nervenwirkung, die keineswegs dem Kunsterlebnis vitaler Epochen gleichzustellen ist. Es »zaubert« die Illusion hervor, Vorgänge des wirklichen Lebens widerzuspiegeln, um mehr oder weniger primitive Schocks oder sentimentale Stimmungen vager Art zu erzielen, die als Surrogate für die fehlenden seelischen Erlebnisse eines ohnmächtigen und verkrüppelten Publikums in der Wirklichkeit konsumiert werden sollen. Selbst ein flüchtiger Blick genügt zu der Feststellung, daß all diese Wirkungen auch erzielt werden können mit völlig verzerrten Widerspiegelungen des wirklichen Lebens. Viele Künstler haben sogar die Überzeugung gewonnen, daß dieses zeitgemäße »Kunsterlebnis« *nur* durch solche verzerrten Widerspiegelungen hergestellt werden kann.

7

Demgegenüber muß festgehalten werden, daß es ein natürliches Interesse an bestimmten Vorgängen zwischen Menschen gibt, ganz jenseits der Sphäre der Kunst. Dieses natürliche Interesse kann von der Kunst benutzt werden. Es gibt auch ein spontanes Interesse an der Kunst selber, das heißt an dem Vermögen, wirkliches Leben widerzuspiegeln, und zwar in einer phantastischen, eigenwilligen, persönlichen Weise, eben der des jeweiligen Künstlers. Hier ist autonome, nicht erst zu erzeugende Spannung, was in der Wirklichkeit passiert und wie der Künstler es ausdrückt.

8

Die Verteidigung des konventionellen Theaters kann nur erfolgen, wenn man den sichtbar reaktionären Satz »Theater ist Theater« oder »Drama ist Drama« benutzt. Auf diese Weise beschränkt man den Begriff des Dramas auf das verkommene Drama der parasitären Bourgeoisie. Jupiters Blitz in den Händchen L. B. Mayers. Sieh den »Konflikt« der elisabethanischen Dramatik, kompliziert, wechselnd, größtenteils unpersönlich, immer unlösbar und sieh, was heute draus geworden ist, ob im zeitgemäßen Drama oder in der zeitgemäßen Reproduktion der elisabethanischen Dramen! Sieh die Rolle der Einfühlung damals und jetzt! Welch ein widerspruchsvoller, unterbrochener, komplizierter Akt im Shakespearischen Theater! Was wir heute als »ewige Gesetze des Dramas« vorgesetzt bekommen, sind die sehr heutigen Gesetze, erlassen von L. B. Mayer und der »Theatre Guild«.

9

Verwirrung über das nichtaristotelische Drama wurde ge-
stiftet durch die Verwechslung von einem »wissenschaftlichen
Drama« mit dem »Drama des wissenschaftlichen Zeitalters«.
Die Grenzpfähle zwischen Kunst und Wissenschaft stehen
nicht immer auf dem gleichen Fleck, die Aufgaben der Kunst
können von der Wissenschaft, die der Wissenschaft von der
Kunst übernommen werden, jedoch bleibt das epische Theater
ein Theater, das heißt, das Theater bleibt Theater, indem es
episch wird.

10

Nur die Gegner des modernen Dramas, die Verfechter der
»ewigen Gesetze des Dramas« werden behaupten, das moderne
Theater verzichte auf Emotionen, wenn es auf den Einfüh-
lungsakt verzichtet. In Wirklichkeit liquidierte das moderne
Theater nur eine ramponierte, überalterte subjektivistische
Gefühlswelt und bricht Bahn den neuen, vielfachen, sozial
produktiven Emotionen eines neuen Zeitalters.

11

Das moderne Theater muß nicht danach beurteilt werden,
wieweit es die Gewohnheiten des Publikums befriedigt, sondern danach, wieweit es sie verändert. Es muß nicht gefragt
werden, ob es sich an die »ewigen Gesetze des Dramas« hält,
sondern ob es die Gesetze künstlerisch bewältigen kann, nach
denen sich die großen sozialen Prozesse unseres Zeitalters
vollziehen. Nicht ob es den Zuschauer am Billettkauf, also am
Theater interessiert, sondern ob es ihn an der Welt interessiert.

1944

Einige Bemerkungen über mein Fach

Rede auf dem gesamtdeutschen Kulturkongreß in Leipzig

Als wir nach Beendigung des Hitlerkrieges wieder daran-
gingen, Theater zu machen, bestand die größte Schwierigkeit
vielleicht darin, daß der Umfang der Zerstörung, die statt-
gefunden hatte, weder den Künstlern noch dem Publikum
bekannt zu sein schien. Bei den Fabriken, die in Schutt lagen,
bei den Wohnhäusern ohne Dächer war es offenbar, daß
eine besondere Anstrengung verlangt wurde, aber was das
Theater betraf, bei dem doch mehr zerstört war, als Bau-
arbeit allein wieder aufrichten konnte, schien niemand viel
mehr zu verlangen oder viel mehr zu bieten als ein Weiter-
machen, etwas erschwert durch das Fehlen von Brot und Ku-
lissen. Dabei war der Niedergang ungeheuerlich. Die Roheit
und die Dummheit triumphierten, sichtlich eisern entschlossen, ihre Blütezeit zu überleben.
Und sie machten sich besonders breit bei der Wiedergabe unserer edelsten Kunstwerke. Der Niedergang wurde aber nicht
gesehen, weil mit ihm zusammen ein ebenso ungeheuerlicher
Niedergang der Beurteilung gegangen war.
Der schnelle Verfall der Kunstmittel unter dem Naziregime
ging' anscheinend nahezu unmerklich vor sich. Daß die Be-
schädigung an den Theatergebäuden so viel sichtbarer war als
die an der Spielweise, hängt wohl damit zusammen, daß die
erstere beim Zusammenbruch des Naziregimes, die letztere
aber bei seinem Aufbau erfolgte. So wird tatsächlich noch
heute von der »glänzenden Technik« der Göringtheater gesprochen, als wäre solch eine Technik übernehmbar, gleichgültig, auf was da ihr Glanz nun gefallen war. Als ob eine
Technik, die der Verhüllung der gesellschaftlichen Kausalität
dient, zu ihrer Aufdeckung verwendet werden könnte!
Als wir nach Beendigung des Hitlerkrieges wieder darangin-
gen, Theater zu machen, Theater im Geist des Fortschritts
und der Versuche, gerichtet auf die Veränderung der Gesellschaft, die so sehr dringend war, waren die Kunstmittel des
Theaters, welche so lange Zeit zu ihrer Ausbildung brauchen,

so gut wie zerstört durch den Geist des Rückschritts und der Abenteuer. Das Poetische war ins Deklamatorische entartet, das Artistische ins Künstliche, Trumpf war Äußerlichkeit und falsche Innigkeit. Anstatt des Beispielhaften gab es das Repräsentative, anstatt der Leidenschaft das Temperament. Eine ganze Generation von Schauspielern war ausgewählt nach falschen Gesichtspunkten, ausgebildet nach falschen Doktrinen.

Wie sollte man mit so depraviertem, geistig wie technisch ruiniertem Theater die neuen Aufführungen für die neuen Zuschauer veranstalten?

Wie sollte damit der neue Mensch konstituiert werden, der diesem Erdteil so sehr vonnöten ist? Wie die große Fabel, aufzeigend die Drehpunkte der so nötigen gesellschaftlichen Veränderung? Wie die Umwelt gestaltet werden, neuerdings aus einer fixierten Größe eine variable geworden? Wie eine Dramatik der Widersprüche und dialektischen Prozesse aufgestellt werden, eine Dramatik, nicht objektiv? Wie sollte die neue positive kritische Haltung des neuen Publikums der Produzierenden hergestellt werden?

Die Frage enthält schon die Antwort. Nicht durch besonders leichte Aufgaben konnte das verkommende Theater wieder gekräftigt werden, sondern nur durch die allerschwersten. Kaum mehr imstande, seichteste Unterhaltung herzustellen, hatte es noch eine letzte Aussicht, wenn es sich Aufgaben zuwandte, die ihm nie gestellt worden waren; unzulänglich in sich selbst, als Theater, mußte es sich anstrengen, auch noch seine Umwelt zu verändern. Es konnte hinfort seine Abbildungen der Welt nur noch zu gestalten hoffen, wenn es mithalf, die Welt selbst zu gestalten.

In dem Teil Deutschlands, in dem die einen von Ihnen zu Hause, die anderen zu Gaste sind, werden große Anstrengungen auf dem Gebiet des Theaters unternommen. Lassen Sie mich Ihnen versichern, daß sie nicht nur für diesen Teil Deutschlands unternommen werden. Und lassen Sie mich Ihnen versichern, daß wir, die sie unternehmen, wissen, *wie* fruchtlos sie letzten Endes bleiben müßten ohne die Anstrengungen der andern Teile Deutschlands. Die Losung der Klassik gilt noch immer: Wir werden ein nationales Theater haben oder keines. Und ich habe noch vom Frieden zu sprechen, wie wir alle und unaufhörlich. Mein Fach, das Theater, ist nur ein Gebiet der Kultur, nicht das wichtigste. Was wird mit *allen* geschehen? Sollten wir es zulassen, daß in einem korea-nisierten Deutschland, über das der Krieg hin und zurück und wieder hin und wieder zurück geht, alle vollends verheert werden?

1951

Notwendigkeit und Vorbedingung
eines realistischen und sozialistischen Theaters

Es ist nicht so verwunderlich, daß sich bei der Klasse, die im Frieden und im Krieg am meisten erduldet hat, der der Werktätigen, die kühnsten Träume und die exaktesten Pläne finden. Sie hat sie auf einer Trümmerstätte zu verwirklichen. Auch die Künste vermögen ihr nur korrumpierte und erschöpfte Mittel anzubieten. Sie sind ganz und gar nicht vorbereitet auf das große Bauen, das nun einsetzt. Selbst noch einigermaßen bei Kräften, waren sie zu so etwas seit langem nicht mehr aufgefordert worden. Sie sind es nur allzu gewöhnt, aus ihrer Wirklichkeitsfremdheit eine Tugend zu machen. So werden sie sich anstrengen müssen, etwas beizusteuern. Aber auf keine andere Weise, als beisteuernd, werden sie selbst wieder zu Kräften kommen. Nur mit dem Aufstieg der Werktätigen und diesen dienend kann ihr eigener Aufstieg erfolgen. Und er benötigt, wie dieser, Planung.

[Eigenarten des Berliner Ensembles]

[1. Entwurf]

Es war zu erwarten, wenn nicht zu erhoffen, daß die ungeheure Umwälzung der Produktions-, Lebens- und Denkweise bei der Einführung des Sozialismus auch in den Künsten Veränderungen von Bedeutung hervorbringen und benötigen würde. Einige Eigenarten des Berliner Ensembles, die mitunter Befremden erregen, kommen von den Bemühungen:

1. Die Gesellschaft als veränderbar darzustellen.
2. Die menschliche Natur als veränderbar darzustellen.
3. Die menschliche Natur als abhängig von der Klassenzugehörigkeit darzustellen.
4. Konflikte als gesellschaftliche Konflikte darzustellen.
5. Charaktere mit echten Widersprüchen darzustellen.
6. Entwicklungen von Charakteren, Zuständen und Ereignissen als diskontinuierlich (sprunghaft) darzustellen.
7. Die dialektische Betrachtungsweise zum Vergnügen zu machen.
8. Die Errungenschaften der Klassik im dialektischen Sinn »aufzuheben«.
9. Aus Realismus und Poesie eine Einheit herzustellen.

Es empfiehlt sich, die alten und neuen Kunstmittel, die das Ensemble anwendet, nach diesen wohl kaum zu verurteilenden Absichten zu beurteilen.

Da alle diese Änderungen (und andere, nicht angeführte) innerhalb des Bereiches der Kunst ausgeführt werden, wird der Kunstgenuß des Publikums nicht geschmälert, sondern nur in seiner Natur verändert. Die besonderen neuen Anforderungen an die Schauspieler setzen eine *allgemeine* Ausbildung voraus, eine Unterweisung in realistischem, auf Beobachtung gestelltem, natürlichem und zugleich gestaltetem Spiel, die das Ensemble seinem Schauspielnachwuchs gewährt.

[2. Entwurf]

Es war zu erwarten, wenn nicht zu erhoffen, daß die ungeheure Umwälzung der Lebens-, Arbeits- und Denkweise bei
der Einführung des Sozialismus auch in den Künsten Veränderungen von Bedeutung her[vor]bringen und benötigen
würde. Die Veränderungen werden nicht nur, wie einige zu
glauben scheinen, den Stoff oder nur die Form oder nur die
Absicht in den Künsten betreffen, sondern alle zusammen, da
sie ein einheitliches, wenn auch widerspruchsvolles Ganzes
bilden. Das Theater wird ganz besonders »in Mitleiden-
schaft« gezogen.
Einige der zu erwartenden Änderungen:
1. Mehr als bisher muß, damit ein Kunsterlebnis zustande
kommt, das Zusammenleben der Menschen in den Abbildungen durch das Theater »stimmen«, das heißt, die Abbildungen müssen realistisch sein.
2. Es müssen wichtige Einsichten in die und Absichten mit der
abgebildeten Wirklichkeit übertragen werden.
3. Die Natur des Menschen muß als veränderlich dargestellt
werden.
4. Die Abbildungen müssen materialistisch-dialektisch sein.
5. Die materialistisch-dialektische Betrachtungsweise muß,
da wir uns im Bereich der Kunst aufhalten, zu Bewußtsein
gebracht und zu einem Vergnügen gemacht werden.
6. Alle diese Änderungen (und andere, nicht angeführte dazu) müssen innerhalb des Bereichs der Kunst ausgeführt werden, welche ja nicht von heute ist. Die Entwicklung findet so
statt, daß die Errungenschaften früherer Revolutionen im
dialektischen Sinn aufgehoben werden.
Es empfiehlt sich, Änderungen in Dramatik und Theater nach
diesen Gesichtspunkten zu beurteilen.

Aktuell wichtig für das Berliner Ensemble ist die Prüfung des
Punktes 6.
Wenn das Ensemble sich daran hält – was zu tun es beabsichtigt –, ist das Kunsterlebnis des Publikums sichergestellt. Entgegen der Behauptung einiger Kritiker werden zum Beispiel
Emotionen durch die Spielweise des Ensembles keineswegs
»verhindert« – wenn sie auch zum Teil anderer Natur sind.

Außerdem wird die Erziehung des Nachwuchses keineswegs, wie einige Kritiker behaupten, ausschließlich für eine ganz besondere, vielleicht nicht wünschbare »Richtung« vorgenommen. Die besonderen, neuen, im Vorgehenden erwähnten Aufforderungen an die Schauspieler setzen eine allgemeine Ausbildung voraus, eine Unterweisung in realistischem, auf Beobachtung gestelltem, natürlichem und zugleich gestaltetem Spiel voraus. Es kann unseres Erachtens jederzeit nachgeprüft werden, daß die vom Ensemble erzogenen Schauspieler keineswegs nur »Brecht-Spezialisten« sind.

Episches Theater

P. Wie kommt es, daß man so oft Beschreibungen Ihres Theaters liest – meist in ablehnenden Beurteilungen –, aus denen sich niemand ein Bild machen könnte, wie es wirklich
ist?

B. Mein Fehler. Diese Beschreibungen und viele der Beurteilungen gelten nicht dem Theater, das ich mache, sondern
dem Theater, das sich für meine Kritiker aus der Lektüre
meiner Traktate ergibt. Ich kann es nicht lassen, die Leser
und die Zuschauer in meine Technik und in meine Absichten einzuweihen, das rächt sich. Ich versündige mich, zumindest in der Theorie, gegen den ehernen Satz, übrigens
einen meiner Lieblingssätze, daß der Pudding sich beim
Essen beweist. Mein Theater – und das allein kann mir
kaum verübelt werden – ist ein philosophisches, wenn man
diesen Begriff naiv auffaßt: Ich verstehe darunter Interesse
am Verhalten und Meinen der Leute. Meine ganzen Theorien sind überhaupt viel naiver, als man denkt und – als
meine Ausdrucksweise vermuten läßt. Zu meiner Entschul-
digung kann ich vielleicht auf Albert Einstein hinweisen,
der dem Physiker Infeld erzählte, er habe eigentlich nur,
seit seiner Knabenzeit, über den Mann nachgedacht, der
einem Lichtstrahl nachlief, und über den Mann, der in einem
fallenden Aufzug eingeschlossen war. Und man sehe, was
daraus an Kompliziertheit wurde! Ich wollte auf das
Theater den Satz anwenden, daß es nicht nur darauf an-
kommt, die Welt zu interpretieren, sondern sie zu verändern. Die Änderungen, die sich aus dieser Absicht ergaben,
einer Absicht, die ich selbst erst langsam erkennen mußte,
waren, klein oder groß, immer nur Änderungen innerhalb
des Theaterspielens, das heißt, eine Unmasse von alten Regeln blieb »natürlich« ganz unverändert. In dem Wörtchen
»natürlich« steckt mein Fehler. Ich kam kaum je auf diese
unverändert bleibenden Regeln zu sprechen, und viele Leser meiner Winke und Erklärungen nahmen an, ich wollte
auch sie abschaffen. Sähen sich die Kritiker mein Theater
an, wie es die Zuschauer ja tun, ohne meinen Theorien zu-

nächst dabei Gewicht beizulegen, so würden sie wohl einfach Theater vor sich sehen, Theater, wie ich hoffe, mit
Phantasie, Humor und Sinn, und erst bei einer Analyse der
Wirkung fiele ihnen einiges Neue auf – das sie dann in meinen theoretischen Ausführungen erklärt finden könnten. Ich
glaube, die Kalamität begann dadurch, daß meine Stücke
richtig aufgeführt werden mußten, damit sie wirkten,
und so mußte ich, für eine nichtaristotelische Dramatik
– o Kummer! – ein episches Theater – o Elend! – beschreiben.

1953

Neuer Inhalt – neue Form

P. Wird das Publikum sich nicht erst in der neuen Form zurechtfinden müssen, in der »Katzgraben« gestaltet ist?

B. Ich denke, die neue Form wird dem Publikum helfen, sich in »Katzgraben« zurechtzufinden. Das Fremdeste an diesem Stück ist der Stoff und die marxistische Betrachtungsweise.

P. Sie meinen, alles, was ungewohnt am Stück ist, erklärt sich daraus?

B. In der Hauptsache.

P. Sie meinen nicht, daß die Art, wie Strittmatter seine Fabel gestaltet, dadurch bestimmt ist, daß er ein Romanschreiber ist?

B. Nein. Die meisten der ungewohnteren Kunstmittel, die er in diesem Theaterstück verwendet, wären auch im Roman ungewöhnlich. Nehmen wir die Einteilung nach Jahren. Nicht, daß es gerade Jahre sind, das ergibt sich daraus, daß auf dem Land ein Jahr mit seinen Ernten ein ergiebiges Zeitmaß darstellt. Sondern überhaupt dieses ständige Wiederkehren nach Katzgraben in Abständen, das an Rückerts Cidher, den ewigen Wanderer, erinnert, der, nach gewisser Zeit immer wiederkehrend, immer Neues vorfindet.

P. Sie meinen, das Publikum findet in der Wirtschaft des Neubauern plötzlich einen Ochsen vor, dann einen Traktor?

B. Nicht nur, natürlich.

P. Schön, zunächst einen mächtigen Großbauern, dann einen weniger mächtigen?

B. Nicht nur, es findet einen anderen Kleinschmidt, eine andere Bäuerin Kleinschmidt vor, einen andern Parteisekretär Steinert und so weiter. Andere Menschen.

P. Nicht ganz andere.

B. Richtig. Nicht ganz andere. Bestimmte Züge haben sich bei ihnen entwickelt, andere sind verkümmert. Aber wir vergessen jetzt, daß wir nicht so sehr geänderte Menschen sehen, sich ändernde. Der Stückeschreiber wählt immer die Zeitpunkte, wo die Entwicklung besonders mächtig vor sich geht. Behalten wir Kleinschmidt als Beispiel: Wir treffen ihn, wenn er seine Abhängigkeit vom Großbauern besonders schmerzlich zu fühlen bekommt und wenn er durch den Anbauplan sich geradezu gezwungen sieht, alle seine schöpferischen Kräfte anzustrengen. Und wir treffen ihn in einer Krise seelischer Art: Sein Selbstbewußtsein ist bereits so entwickelt durch die neuen Verhältnisse auf dem Lande, daß es ihn besonders hart trifft, wenn er sich dem Großbauern in demütigender Art beugen muß. Auch im nächsten Jahr (zweiter Akt) treffen wir ihn in einer Situation, die sozusagen einen Sprung in seiner Entwicklung herbeiführt.

P. Könnten solche Situationen nicht auch dichter hintereinander, zeitlich kontinuierlicher gewählt sein, so daß die Zeitsprünge, die wir nicht gewohnt sind auf dem Theater, vermieden wären?

B. Ich halte nicht soviel von der Bewahrung alter Gewohnheiten in Zeiten, wo so viele neue geschaffen werden. Strittmatter braucht einfach die Zeitsprünge, weil die Entwicklung des Bewußtseins seiner Menschen von der Entwicklung ihres gesellschaftlichen Seins abhängt und diese Entwicklung nicht so schnell vor sich geht.

P. Sehr interessant ist da, was einige Bauern nach einer Aufführung sagten. Sie fanden den Blick über Jahre hin sehr nützlich. »Wir haben alles das miterlebt, aber wenn wir es jetzt so dargestellt sehen, im Überblick, über eine längere Zeit hin, sehen wir erst, was da alles geschehen ist. Von Tag zu Tag erlebt man alles auch, aber nicht so heftig.«

B. Sie erlebten sozusagen den großen Schwung der Ereignisse und Taten mit, und das verleiht wiederum den großen Schwung für die Zukunft. – Kurz, diese Cidher-Technik hat gerade für dieses Stück große Vorteile, so ungewohnt sie zunächst erscheint, und andere Kunstmittel wendet Strittmatter aus anderen Gründen an. Es geht ihm da wie seinem Neubauern, den ein gesellschaftlich nötiger, fortschrittlicher Plan auf neue Wege zwingt, zu neuen Techniken.

P. Als da sind?

B. Da ist die Charakterisierung der Menschen, die Züge sammelt, welche gerade historisch bedeutsam sind, und die Auswahl von Menschen, die für den Klassenkampf bedeutsam sind. Da ist eine Fabel, die es gestattet, daß der Held

(Kleinschmidt) im letzten Akt durch einen anderen Helden abgelöst wird (Steinert). Da sind den Handlungen andere Triebkräfte unterlegt als in früheren Stücken.

P. Viele vermissen auf dem neuen Theater die großen Leidenschaften.

B. Sie wissen nicht, daß sie nur die Leidenschaften vermissen, die sie auf dem alten Theater vorfanden und vorfinden. Auf dem neuen Theater finden sie oder würden sie finden neue Leidenschaften (neben alten), die sich inzwischen entwickelt haben oder eben entwickeln. Selbst wenn sie diese neuen Leidenschaften selber spüren, spüren sie sie noch nicht, wenn sie auf der Bühne erscheinen, da auch die Ausdrucksformen sich geändert haben und sich fortdauernd ändern. Jeder vermag noch immer die Eifersucht, die Machtgier, den Geiz als Leidenschaft zu erkennen. Aber die Leidenschaft, dem Ackerboden mehr Früchte zu entreißen, oder die Leidenschaft, die Menschen zu tätigen Kollektiven zusammenzuschweißen, Leidenschaften, die den Neubauern Kleinschmidt und den Grubenarbeiter Steinert erfüllen, werden heute noch schwerer gespürt und geteilt. Diese neuen Leidenschaften bringen überdies ihre Träger in völlig andere Beziehung zu ihren Mitmenschen, wie es die alten taten. So werden die Auseinandersetzungen anders vor sich gehen, als man es auf dem Theater gewohnt ist. Die Form der Auseinandersetzungen zwischen Menschen, und auf diese Auseinandersetzungen kommt es im Drama ja an, hat sich sehr geändert. Nach den Regeln der älteren Dramatik würde sich zum Beispiel der Konflikt zwischen dem Neubauern und dem Großbauern sehr verschärfen, wenn der Großbauer etwa eine Scheune des Neubauern in Brand stecken lassen würde. Das würde das Interesse des Publikums vielleicht auch heute noch anpeitschen, aber es wäre nicht typisch. Typisch ist ein Entzug der Leihpferde, welcher ebenso eine Gewalttat darstellt, freilich auch unser Publikum noch weit weniger erregen mag. Wenn der Neubauer den Großbauern dadurch bekämpft, daß er dem Mittelbauern Saatkartoffeln abläßt, ist auch das eine Kampfaktion neuen Stils; sie mag ebenfalls weniger »wirken«, als wenn er dem Sohn des Mittelbauern seine Tochter zum Weibe gäbe. Der politische Blick unseres Publikums

schärft sich nur langsam – vorläufig gewinnen die neuen
Stücke weniger von ihm als er von ihnen.

Der Großbauer greift sich verzweifelt an den Kopf und sagt:
Fünf Ochsen für das Dorf, das ist ein Schlag!

Ich lache, wenn ich das höre, aber wer lacht mit? Und wer
sieht mit Interesse, daß der Großbauer sogleich die politische Bedeutung der Ochsenzuteilung an die Kleinbauern
erfaßt, während der Kleinbauer, der einen der Ochsen bekommen hat, nur darüber verzweifelt, daß er kein Futter
für ihn haben wird.

P. Ich habe Zuschauer sagen hören, sie »brächten die Dinge
nicht zusammen«, das heißt, sie verstehen nicht, wie eins
zum andern kommt, warum dies und das erzählt wird,
ohne daß es dann weitergeht. Nehmen Sie das zweite Bild
des ersten Akts, wo aufkommt, daß der Mittelbauer die
junge Magd belästigt. Ein Kritiker, und ein intelligenter,
ein Mann mit Humor, sagte mir: »Überall werden Ge-
wehre geladen, die dann nicht losgehen.«

B. Ich verstehe. Wir erzeugen Erwartungen, die wir dann
nicht befriedigen. Der Zuschauer erwartet nach seinen Erfahrungen mit Theater, daß die Beziehung zwischen dem
Bauern und der Magd irgendwie weiter verfolgt würde,
aber im nächsten Akt (und Jahr) ist davon überhaupt nicht
mehr die Rede. Daß nicht mehr davon die Rede ist, finde
ich übrigens gerade komisch.

P. Sie haben die Komik verstärkt, indem Sie den Bauern zu
den Klagen der Bäuerin über die zunehmende Unbot-
mäßigkeit des Gesindes traurig zustimmend den Kopf
schütteln lassen.

B. Das wird leider nur der komisch finden, der im ersten Akt
hauptsächlich daran interessiert war, zu sehen, wie die pa-
triarchalischen Beziehungen sich auflösen und wie die
Bäuerin darüber Genugtuung zeigt, weil die FDJ die Magd
vor ihrem Mann schützt. Im zweiten Akt erwartet solch
ein Zuschauer dann nur, wie dieser Prozeß der Emanzipation weitergeht, und kann lachen, wenn er jetzt Bäuerin
und Bauer betrübt und vereint findet, weil die Magd jetzt
schon energisch ihre Freizeit verlangt. Eine solche Blick-
richtung des Zuschauers setzt freilich voraus, daß seine Erfahrungen ihn dazu gebracht haben.

p. Der Zuschauer ohne solche Erfahrungen empfindet auch die Gegnerschaften in »Katzgraben« nicht als sehr bühnenwirksam.

b. Vermutlich. In unserer Wirklichkeit finden wir schwerer und schwerer Gegner für erbitterte Auseinandersetzungen auf der Bühne, deren Gegnerschaft vom Publikum als selbstverständlich, unmittelbar, tödlich empfunden wird. Gehen die Kämpfe um den Besitz, werden sie als natürlich und eben interessant empfunden. Shylock und Harpagon besitzen Geld und eine Tochter, da kommt es »natürlich« zu wundervollen Auseinandersetzungen mit den Gegnern, die ihnen das Geld oder die Tochter oder beides nehmen wollen. Der Kleinbauer Kleinschmidt besitzt seine Tochter nicht. Er kämpft um eine Straße, die er nicht besitzen wird. Eine Menge für die alte Zeit und ihre Stücke typischen Aufregungen, Seelenschwingungen, Auseinandersetzungen, Späße und Erschütterungen fallen aus oder werden zu Nebenwirkungen, und Wirkungen, typisch für die neue Zeit, werden wichtiger.

p. Sie sprechen wieder von dem neuen Zuschauen, das ein neues Theater braucht.

b. (schuldbewußt) Ja, ich sollte das nicht so oft tun. Wir müssen wirklich mehr uns als den Zuschauern die Schuld geben, wenn geplante Wirkungen sich nicht einstellen. Aber dann muß ich gewisse Neuerungen verteidigen dürfen, die nötig sind, damit wir »das Publikum mitbekommen«.

p. Diese Neuerungen dürfen nur nicht auf Kosten des Menschlichen veranstaltet werden. Oder glauben Sie, daß das Publikum auch den Anspruch auf blutvolle, allseitig interessante Menschen von eigenem Wuchs aufgeben muß?

b. Das Publikum braucht überhaupt keine Ansprüche aufzugeben. Was ich von ihm erwarte, ist nur, daß es neue Ansprüche dazu anmeldet. Das Publikum Molières lachte über Harpagon, seinen Geizigen. Der Wucherer und Hamsterer war lächerlich geworden in einer Zeit, in der der große Kaufmann aufkam, Risiken eingehend und Kredite aufnehmend. Unser Publikum könnte über den Geiz des Harpagon besser lachen, wenn es diesen Geiz nicht als Eigenschaft, Absonderlichkeit, »Allzumenschliches« dargestellt sähe, sondern als eine Art Standeskrankheit, als ein Verhalten, das eben erst lächerlich geworden ist, kurz als gesellschaftliches Laster. Wir müssen das Menschliche darstellen können, ohne es als Ewigmenschliches zu behandeln.

P. Sie deuten an, daß besonders einschneidend für die neue Kunst, Stücke zu schreiben, der Hinweis der Klassiker ist, das Bewußtsein der Menschen sei bestimmt durch das gesellschaftliche Sein.

B. Das sie schaffen. Ja, das ist eine neue Betrachtungsweise, die nicht berücksichtigt ist in der alten Kunst, Stücke zu schreiben.

P. Sie betonen aber doch ständig die Notwendigkeit, aus den alten Stücken zu lernen?

B. Nicht das von ihrer Technik, das mit einer veralteten Betrachtungsweise verknüpft ist! Zu lernen ist gerade die Kühnheit, mit der die früheren Stückeschreiber das für ihre Zeit Neue gestalteten; die Erfindungen sind zu studieren, durch die sie die überkommene Technik an neue Aufgaben anpaßte. Man muß vom Alten lernen, Neues zu machen.

P. Täusche ich mich, wenn ich annehme, daß bei einigen unserer besten Kritiker Mißtrauen gegenüber neuen Formen besteht?

B. Nein, Sie täuschen sich nicht. Man hat sehr schlechte Erfahrungen gemacht mit Neuerungen – die allerdings keine echten Neuerungen waren. Die bürgerliche Dramatik und das bürgerliche Theater hat in seinem unaufhörlichen und immer beschleunigteren Niedergang einen immer gleichbleibenden gesellschaftlichen Inhalt reaktionärer Art durch einen wilden Modenwechsel in der äußeren Form schmackhaft zu machen versucht. Diese rein formalistischen Bestrebungen, Formspielereien ohne Sinn, haben bei unseren besten Kritikern dazu geführt, daß sie das Studium der klassischen Stücke forderten. Und tatsächlich kann man von ihnen vieles lernen. Die Erfindung gesellschaftlich bedeutsamer Fabeln; die Kunst, sie dramatisch zu erzählen; die Gestaltung interessanter Menschen; die Pflege der Sprache; das Angebot großer Ideen und die Parteinahme für das gesellschaftlich Fortschrittliche.

1953

Notizen über die Dialektik auf dem Theater

Die neuen Stoffe und die neuen Aufgaben mit alten Stoffen zwingen uns zu einer ständigen Überprüfung und Vervollständigung unserer Kunstmittel.

Auch das spätbürgerliche Theater versucht sich, um das Interesse des Publikums an der Kunst zu erhalten, in formalen Neuerungen; bedient sich mitunter sogar einiger Neuerungen des sozialistischen Theaters. Aber es wird da nur die mangelnde Bewegung des öffentlichen Lebens mehr oder minder bewußt durch eine künstliche Bewegung im Formalen »ausgeglichen«. Bekämpft werden nicht Übel, sondern Langeweile. Aus Tat wird Betätigung. Geritten wird nicht das Pferd, sondern der Bock der Turnhalle, erklommen nicht das Baugerüst, sondern die Kletterstange. So haben die formalen Bemühungen der beiden Theater nicht viel mehr miteinander zu tun, als daß sie die Verwechslung ermöglichen. Das Bild wird dadurch verwirrter, daß in den kapitalistischen Ländern neben nur scheinbar neuem Theater, Theater der Nouveauté, auch sporadisch echtes neues Theater gespielt wird und nicht immer nur als Nouveauté. Es gibt noch andere Berührungspunkte. Beide Theater, sofern sie ernsthaft sind, sehen ein Ende. Das eine das Ende der Welt, das andere das Ende der bürgerlichen Welt. Da beide Theater, als Theater, Vergnügen bereiten müssen, muß das eine Vergnügen am Ende der Welt, das andere am Ende der bürgerlichen Welt (und am Aufbau einer anderen) bereiten. Das Publikum des einen darf erschauern über das große Absurde und wird angewiesen, das Lob der großen Vernunft (des Sozialismus) als die billige (wiewohl für das Bürgertum eigentlich teure) Lösung abzulehnen. Kurz, es gibt überall Berührung, und wie sollte es Kampf geben ohne Berührung? Aber sprechen wir von unseren Schwierigkeiten!

Es ist ein Vergnügen des Menschen, sich zu verändern durch die Kunst wie durch das sonstige Leben und durch die Kunst für dieses. So muß er sich und die Gesellschaft als veränderlich spüren und sehen können, und so muß er, in der Kunst auf vergnügliche Weise, die abenteuerlichen Gesetze, nach denen sich die Veränderungen vollziehen, intus bekommen. In der materialistischen Dialektik sind Art und Gründe dieser Veränderungen gespiegelt.

Als die Hauptquelle des Vergnügens haben wir die Fruchtbarkeit gefunden der Gesellschaft, ihre wunderbare Fähigkeit, allerlei nützliche und angenehme Dinge – und letzthin ihr besseres Selbst hervorzubringen. Und nehmen wir noch dazu, daß wir Lästiges und Unpraktisches entfernen können. Beim Pflanzen, Instandhalten und Verbessern eines Gartens zum Beispiel nehmen wir nicht nur die Vergnügungen, die da geplant sind, voraus, sondern die schöne Tätigkeit selbst, unsere Fähigkeit des Erzeugens macht uns Vergnügen.
Erzeugen heißt aber Verändern. Es bedeutet Einflußnehmen, Addieren. Man muß einiges wissen, können, wollen. Man kann der Natur befehlen, indem man ihr gehorcht, wie Bacon sagt.
Wir neigen dazu, den Zustand der Ruhe für das »Normale« zu halten. Ein Mann geht jeden Morgen zu seiner Arbeitsstätte, das ist das »Normale«, das versteht sich. Eines Morgens geht er nicht, er ist verhindert, durch ein Unglück, durch ein Glück; das bedarf der Erklärung, etwas Langes, das wie ein Immeriges aussah, ist zu Ende gekommen, schnell, in kurzer Weise; nun, das ist eine Störung, da gab es einen Eingriff in einen Ruhezustand, und dann herrscht wieder Ruhe, indem kein Mann mehr da zur Arbeit geht. Die Ruhe ist ein wenig negativ, aber doch Ruhe, normal.
Selbst sehr bewegte Vorgänge, wenn sie nur mit einer gewissen Wiederholung von einer gewissen Regelmäßigkeit vorkommen, gewinnen den Anschein der Ruhe. Die Bombennächte in den Städten etwa konnten einfach als Phase genommen werden und wurden so genommen, sie wurden zum Zustand, sie bedurften nicht mehr der Erklärung.
In den Zustandsschilderungen der Naturalisten bekamen die Zustände dieses Immerige. Die Schilder waren gegen die Zustände, man wurde dessen gewahr, aber man benötigte einen politischen Standpunkt ähnlich dem ihren, um sich andere Zustände vorstellen zu können, und vor allem, um zu wissen, wie sie herbeizuführen wären. In den Zuständen selber war nichts anderes als dieses Immerige.

Die Frage ist, ob das Theater dem Publikum die Menschen so zeigen soll, daß es sie interpretieren kann, oder so, daß es sie verändern kann. Im zweiten Fall muß das Publikum sozusagen ganz anderes Material bekommen, eben nach dem Gesichtspunkt zusammengestelltes Material, daß die jeweiligen, komplizierten, vielfältigen und widerspruchsvollen Beziehungen zwischen Individuum und Gesellschaft eingesehen werden können (zum Teil auch eingefühlt werden können).

Der Schauspieler hat dann seiner künstlerischen Gestaltung Kritik gesellschaftlicher Art einzuverleiben, welche das Publikum packt. Solche Kritik erscheint manchen Ästheten alter Art vermutlich als etwas »Negatives«, Unkünstlerisches. Aber das ist Unsinn. Der Schauspieler kann ebenso wie ein anderer Künstler, etwa ein Romanschreiber, gesellschaftliche Kritik in sein Kunstwerk bringen, ohne es zu zerstören. Die Abwehr gegen solche »Tendenzen« kommt von denen, die unter dem Mantel, daß sie die Kunst verteidigen, einfach die bestehenden Zustände gegen Kritik verteidigen.

Es ist ja nicht so, daß den neuen Stücken und Darstellungen Lebendigkeit oder Leidenschaft fehlt. Wer es liebt, seinen Atem loszuwerden, kann das. Wer sich gern gepackt fühlt, komme nur! Was einen Teil des Publikums mitunter befremdet, ist, daß die Menschen und Vorgänge von einer Seite gezeigt werden, wo sichtbar wird, wie sie geändert werden können, und was soll damit dieser Teil des Publikums, der weder geändert werden und noch ändern will? Sogar ein Teil jener Menschen, die selber an der Veränderung der Gesellschaft unermüdlich arbeiten, möchten die neue Aufgabe dem Theater und dem Drama auferlegen, ohne daß es sich selber ändern soll; sie befürchten eine Schädigung desselben. Zu einer solchen Schädigung könnte es auch tatsächlich kommen, wenn wir die alten Errungenschaften einfach wegwürfen, anstatt sie durch neue zu ergänzen. Welche Ergänzung allerdings im Widerspruch vor sich geht.

Man wird daraufhin untersuchen müssen, wie denn nun der V-Effekt einzusetzen ist, was für welche Zwecke da verfremdet werden soll. Gezeigt werden soll die Veränderbarkeit des Zusammenlebens der Menschen (und damit die Veränderbarkeit des Menschen selbst). Das kann nur geschehen dadurch, daß man das Augenmerk auf alles Unfeste, Flüchtige, Bedingte richtet, kurz auf die Widersprüche in allen Zuständen, welche die Neigung haben, in andere widerspruchsvolle Zustände überzugehen.

[Episches Theater und dialektisches Theater]

Es wird jetzt der Versuch gemacht, vom *epischen* Theater zum *dialektischen* Theater zu kommen. Unseres Erachtens und unserer Absicht nach waren die Praxis des epischen Theaters und sein ganzer Begriff keineswegs undialektisch, noch wird ein dialektisches Theater ohne das epische Element auskommen. Dennoch denken wir an eine ziemlich große Umgestaltung.

1

Wir haben in früheren Schriften das Theater als ein Kollektiv von Erzählern behandelt, die sich erhoben haben, gewisse Erzählungen zu verkörpern, das heißt ihnen ihre Personen zu leihen oder ihnen Umgebungen zu bauen.

2

Wir haben auch bezeichnet, worauf dieser Erzähler ausgeht: auf den Spaß, den es seinem Publikum bereitet, menschliches Verhalten und seine Folgen kritisch das heißt produktiv zu betrachten.
Bei dieser Einstellung besteht für die scharfe Trennung der Genres kein Grund mehr – es sei denn, daß ein solcher gefunden wird. Die Vorgänge nehmen jeweilig den tragischen oder komischen Aspekt an, es wird ihre komische oder tragische Seite herausgearbeitet. Das hat wenig zu tun mit den komischen Szenen, die Shakespeare in seine Tragödien einstreut (und nach ihm Goethe in seinen »Faust«). Die ernsten Szenen selbst können diesen komischen Aspekt annehmen (etwa die Szene, in der Lear sein Reich wegschenkt). Genauer genommen, tritt in solchem Fall der komische Aspekt im Tragischen oder der tragische im Komischen als Gegensatz kräftig hervor.

Damit auf spielerische Weise das Besondere der vom Theater
vorgebrachten Verhaltungsweisen und Situationen herauskommt und kritisiert werden kann, dichtet das Publikum im
Geist andere Verhaltungsweisen und Situationen hinzu und
hält sie, der Handlung folgend, gegen die vom Theater vorgebrachten. Somit verwandelt sich das Publikum selber in
einen Erzähler.

4

Wenn wir dies festhalten und nachdrücklich hinzufügen, daß
das Publikum in seinem Ko-Fabulieren den Standpunkt des
produktivsten, ungeduldigsten, am meisten auf glückliche
Veränderung dringenden Teils der Gesellschaft muß einnehmen können, dürfen wir nunmehr die Bezeichnung »episches
Theater« als Bezeichnung für das gemeinte Theater aufgeben.
Sie hat ihre Schuldigkeit getan, wenn das erzählerische Element, das in allem Theater steckt, gestärkt und bereichert
worden ist.
Dies bedeutet kein Zurückgehen. Vielmehr ist durch Festi-
gung des erzählerischen Elements für alles Theater, für das
jetzige wie für das bisherige, nunmehr eine Grundlage geschaffen für die Besonderheit neuen Theaters, das zumindest
dadurch neu ist, daß es Züge bisherigen Theaters – die dialektischen – *bewußt* ausbildet und vergnüglich macht. Von dieser Besonderheit her erscheint die Bezeichnung »episches
Theater« als ganz allgemein und unbestimmt, fast formal.

Wir gehen nun weiter und wenden uns dem Licht zu, in das
wir die Vorgänge unter den Menschen, die wir vorführen
wollen, zu setzen haben, damit das Veränderbare der Welt
herauskomme und uns Vergnügen bereite.

6

Um die Veränderbarkeit der Welt in Sicht zu bekommen, müssen wir ihre Entwicklungsgesetze notieren. Dabei gehen wir aus von der Dialektik der sozialistischen Klassiker.

7

Die Veränderbarkeit der Welt besteht auf ihrer Widersprüchlichkeit. In den Dingen, Menschen, Vorgängen steckt etwas, was sie so macht, wie sie sind, und zugleich etwas, was sie anders macht. Denn sie entwickeln sich, bleiben nicht, verändern sich bis zur Unkenntlichkeit. Und die Dinge, wie sie eben jetzt sind, enthalten in sich, so »unkenntlich«, Anderes, Früheres, dem jetzigen Feindliches.

Fragmentarisch

Kann die heutige Welt durch
Theater wiedergegeben werden?

Mit Interesse höre ich, daß Friedrich Dürrenmatt in einem
Gespräch über das Theater die Frage gestellt hat, ob die heutige Welt durch Theater überhaupt noch wiedergegeben werden kann.

Diese Frage, scheint mir, muß zugelassen werden, sobald sie
einmal gestellt ist. Die Zeit ist vorüber, wo die Wiedergabe
der Welt durch das Theater lediglich erlebbar sein mußte. Um
ein Erlebnis zu werden, muß sie stimmen.

Es gibt viele Leute, die konstatieren, daß das Erlebnis im
Theater schwächer wird, aber es gibt nicht so viele, die eine
Wiedergabe der heutigen Welt als zunehmend schwierig erkennen. Es war diese Erkenntnis, die einige von uns Stücke-
schreibern und Spielleitern veranlaßt hat, auf die Suche nach
neuen Kunstmitteln zu gehen.

Ich selbst habe, wie Ihnen als Leuten vom Bau bekannt ist,
nicht wenige Versuche unternommen, die heutige Welt, das
heutige Zusammenleben der Menschen, in das Blickfeld des
Theaters zu bekommen.

Dies schreibend, sitze ich nur wenige hundert Meter von
einem großen, mit guten Schauspielern und aller nötigen Maschinerie ausgestatteten Theater, an dem ich mit zahlreichen,
meist jungen Mitarbeitern manches ausprobieren kann, auf
den Tischen um mich Modellbücher mit Tausenden von Photos unserer Aufführungen und vielen mehr oder minder ge-
nauen Beschreibungen der verschiedenartigsten Probleme und
ihrer vorläufigen Lösungen. Ich habe also alle Möglichkeiten,
aber ich kann nicht sagen, daß die Dramaturgien, die ich aus
bestimmten Gründen nichtaristotelische nenne, und die dazu
gehörende epische Spielweise *die* Lösung darstellen. Jedoch
ist eines klargeworden: Die heutige Welt ist den heutigen
Menschen nur beschreibbar, wenn sie als eine veränderbare
Welt beschrieben wird.

Für heutige Menschen sind Fragen wertvoll der Antworten
wegen. Heutige Menschen interessieren sich für Zustände und
Vorkommnisse, denen gegenüber sie etwas tun können.

Vor Jahren sah ich ein Photo in einer Zeitung, das zu Reklamezwecken die Zerstörung von Tokio durch ein Erdbeben zeigte. Die meisten Häuser waren eingefallen, aber einige moderne Gebäude waren verschont geblieben. Die Unterschrift lautete: Steel stood – Stahl blieb stehen. Vergleichen Sie diese Beschreibung mit der klassischen Beschreibung des Ätnaausbruchs durch den älteren Plinius, und Sie finden bei ihm einen Typus der Beschreibung, den die Stückeschreiber dieses Jahrhunderts überwinden müssen.

In einem Zeitalter, dessen Wissenschaft die Natur derart zu verändern weiß, daß die Welt schon nahezu bewohnbar erscheint, kann der Mensch dem Menschen nicht mehr lange als Opfer beschrieben werden, als Objekt einer unbekannten, aber fixierten Umwelt. Vom Standpunkt eines Spielballs aus sind die Bewegungsgesetze kaum konzipierbar.

Weil nämlich – im Gegensatz zur Natur im allgemeinen – die Natur der menschlichen Gesellschaft im Dunkeln gehalten wurde, stehen wir jetzt, wie die betroffenen Wissenschaftler uns versichern, vor der totalen Vernichtbarkeit des kaum bewohnbar gemachten Planeten.

Es wird Sie nicht verwundern, von mir zu hören, daß die Frage der Beschreibbarkeit der Welt eine gesellschaftliche Frage ist. Ich habe dies viele Jahre lang aufrechterhalten und lebe jetzt in einem Staat, wo eine ungeheure Anstrengung gemacht wird, die Gesellschaft zu verändern. Sie mögen die Mittel und Wege verurteilen – ich hoffe übrigens, Sie kennen sie wirklich, nicht aus den Zeitungen –, Sie mögen dieses besondere Ideal einer neuen Welt nicht akzeptieren – ich hoffe, Sie kennen auch dieses –, aber Sie werden kaum bezweifeln, daß an der Änderung der Welt, des Zusammenlebens der Menschen in dem Staat, in dem ich lebe, gearbeitet wird. Und Sie werden mir vielleicht darin zustimmen, daß die heutige Welt eine Änderung braucht.

Für diesen kleinen Aufsatz, den ich als einen freundschaftlichen Beitrag zu Ihrer Diskussion zu betrachten bitte, genügt es vielleicht, wenn ich jedenfalls meine Meinung berichte, daß die heutige Welt auch auf dem Theater wiedergegeben werden kann, aber nur wenn sie als veränderbar aufgefaßt wird.

1955

Sozialistischer Realismus auf dem Theater

1

Sozialistischer Realismus bedeutet eine wirklichkeitsgetreue Wiedergabe des Zusammenlebens der Menschen vom sozialistischen Standpunkt aus, mit den Mitteln der Kunst. Die Wiedergabe ist von der Art, daß Einsichten in das soziale Getriebe gewährt und sozialistische Impulse erzeugt werden. Ein Großteil des Vergnügens, das jede Kunst zu verschaffen hat, ist beim sozialistischen Realismus das Vergnügen an der Meisterungsmöglichkeit des menschlichen Schicksals durch die Gesellschaft.

2

Das sozialistisch-realistische Kunstwerk deckt die dialektischen Bewegungsgesetze des sozialen Getriebes auf, deren Kenntnis die Meisterung des menschlichen Schicksals erleichtert. Es verschafft Vergnügen an ihrer Entdeckung und Beobachtung.

3

Das sozialistisch-realistische Kunstwerk zeigt Charaktere und Vorgänge als historische und veränderliche und als widersprüchliche. Dies bedeutet einen großen Umschwung; ernste Bemühungen um neue Mittel der Darstellung sind nötig.

4

Das sozialistisch-realistische Kunstwerk geht von den Gesichtspunkten der proletarischen Klasse aus und wendet sich an alle Menschen guten Willens. Es zeigt ihnen das Weltbild und die Absichten der proletarischen Klasse, welche sich anschickt, die Produktivität der Menschen durch eine neue Gestaltung der Gesellschaft ohne Ausbeutung in bisher unerhörter Ausdehnung zu steigern.

Die sozialistisch-realistische Wiedergabe alter klassischer Werke geht von der Auffassung aus, daß die Menschheit solche Werke aufgehoben hat, die ihre Fortschritte in der Richtung auf immer kräftigere, zartere und kühnere Humanität künstlerisch gestalteten. Die Wiedergabe betont also die fortschrittlichen Ideen der klassischen Werke.

1954

[Realismus als kämpferische Methode]

Zwei Weltkriege und die Nachspiele zweier Weltkriege haben gezeigt, wie tief der Imperialismus im deutschen Volk verwurzelt ist. Es verlangt eine ungeheure Anstrengung, die Folgen eines ganzen Jahrhunderts imperialistischer Propaganda in den Schulen, durch die Zeitungen, im öffentlichen Leben, leider auch in Kirchen und so weiter auszurotten. Die Art der Meinungsbildung ist völlig korrupt. Nötig ist nicht nur eine neue Denkweise, sondern auch eine neue Lebensweise.

In der DDR ist ein kräftiger Versuch gemacht worden. Durch die Organisation einer völlig neuen Wirtschaftsform, einer sozialistischen, deren Hauptzüge bei uns schon sichtbar sind, ist eine Umschulung im Gang. Die Produktionsweise mußte dafür völlig geändert werden und so weiter. Auch auf die bürgerliche Form der Formung von Regierungen und Beeinflussung der öffentlichen Geschäfte durch die Bevölkerung mußte verzichtet werden. Die Wahlen hatten rein bestätigenden Charakter, waren »nur« Volksbefragungen über eine neue Politik im Interesse der arbeitenden Bevölkerung. Ich sage *nur*, weil ein großer Teil der Bevölkerung der DDR diese Wahlen als eine Einschränkung ihrer Willenskundgebung betrachtete, immer noch gewohnt an die bürgerliche Form, die weit freier erschien. Da waren »Persönlichkeiten« vorgestellt worden, die Parteien angehörten, die etwas vage Programme hatten und in der kapitalistischen Anarchie des Wirtschaftslebens bestimmte Interessengruppen vertraten.

Die Trennung Deutschlands ist eine Trennung zwischen dem Alten und dem Neuen. Die Grenze zwischen DDR und Bundesrepublik scheidet den Teil, in dem das Neue, der Sozialismus, die Macht ausübt, von dem Teil, in dem das Alte, der Kapitalismus regiert. Aber die Macht wird in beiden Teilen bekämpft, und so ist eine Trennung überall in ganz Deutschland zu fühlen, überall kämpft das Neue mit dem Alten, der Sozialismus mit dem Kapitalismus.

Wir haben das günstigere Kampfgelände, aber wir sind nicht fertig mit dem Kampf.

Für die Literatur bedeutet die Trennung, daß die eine, alte, Literatur nur lehrt, wie sich in einer geschlossenen, fertigen Welt einzurichten; die andere lehrt eine veränderliche Welt, die eingerichtet werden kann und muß.

Sie mögen den Kampf des Neuen gegen das Alte als Thema haben, es beschreiben. Aber sie müssen es auch für Menschen alten und neuen Schlages beschreiben und für Menschen, die Altes und Neues in sich haben.

Wenn wir Helden erdichten wollen, und das sollen wir, dann müssen wir erst suchen, die Helden von heute zu Gesicht zu bekommen. Es genügt nicht, einen Karl Moor, aber mit sozialistischem Bewußtsein, zu schaffen, oder einen Wilhelm Tell, aber als kommunistischer Funktionär, oder einen Zriny als Jakobiner. Wir müssen einen großen Ballast von erhabenen Gefühlen abwerfen, welche nur die Gefühle der Erhabenen waren, und uns den niedrigen Beweggründen zuwenden, welche die Beweggründe der Niedrigen waren. Die alten Ideale reichen bei weitem nicht aus, das heißt, wir müssen mit dem Kleinbürger in uns Schluß machen. Das können wir beinahe nur, indem wir, wie ich sagte, den neuen Helden in seinem Alltag sichten, in seinen mühselig schrittweisen Kämpfen mit dem Sumpf und dem Rückstand, in seiner historischen Besonderheit. Wir werden ihn in all seinen Schwächen als einen Helden neuer Art erkennen müssen, mit Tugenden alter und neuer Art, aber besonders neuer Art. Wir werden sehen, daß ihn Schwierigkeiten nicht entmutigen, sondern reizen. Gerade das Unfertige steigert seine Produktivität. »Das ist schwer«, sagt er, »das wollen wir machen«. Von allen Farben deprimiert ihn am tiefsten das Rosenrot.

Dieser neue Mensch, aktives Mitglied seiner Klasse, mag die Erfüllung eurer Träume sein, aber er erfüllt sie gewiß in höchst unerwarteter Weise.

Wenn wir uns die neue Welt künstlerisch praktisch aneignen wollen, müssen wir neue Kunstmittel schaffen und die alten umbauen. Die Kunstmittel Kleists, Goethes, Schillers müssen heute studiert werden, sie reichen aber nicht mehr aus, wenn wir das Neue darstellen wollen. Den unaufhörlichen *Experimenten* der revolutionären Partei, die unser Land umgestalten und neugestalten, müssen Experimente der Kunst entsprechen, kühn wie diese und notwendig wie diese. Experimente ablehnen, heißt, sich mit dem Erreichten begnügen, das heißt zurückbleiben.

Die Darstellung des Neuen ist nicht leicht (wie viele Briefe zeigen). Es ist eine Frage der Begeisterung für das Neue, der Kenntnis der Dialektik und damit neuer Kunstmittel. Die sozialistische, realistische Gestaltungsweise bedarf ständiger *Ausbildung, Umbildung, Neubildung*. Vor allem muß sie kämpferisch sein. Und als Kämpferin braucht sie alle Waffen, immer bessere Waffen, immer neue.

1956

[Aufgaben für das Theater]

Das Theater dieser Jahrzehnte soll die Massen unterhalten, belehren und begeistern. Es soll Kunstwerke bieten, welche die Realität so zeigen, daß der Sozialismus aufgebaut werden kann. Es soll also der Wahrheit, der Menschlichkeit und der Schönheit dienen.

Anmerkungen

S. 7 Das Theater als sportliche Anstalt und *Aus einer Dramaturgie (S. 9):* Beide Texte sind handgeschriebenen Notizbüchern Brechts entnommen.

S. 12 An den Herrn im Parkett: Der Text wurde im *Berliner Börsen-Courier* am 25. 12. 1925 veröffentlicht.

S. 13 Mehr guten Sport: erschien am 6. 2. 1926 im *Berliner Börsen-Courier.*

S. 24 Wie soll man heute Klassiker spielen? Brechts Antwort wurde am 25. 12. 1926 im *Berliner Börsen-Courier* gedruckt.

S. 26 Theatersituation 1917–1927: Der Text erschien zuerst am 16. 5. 1927 in *Der neue Weg*, Berlin.

S. 28 Betrachtung über die Schwierigkeiten des epischen Theaters: veröffentlicht im Literaturblatt der *Frankfurter Zeitung* am 27. 11. 1927.

S. 36 Kölner Rundfunkgespräch: Das Gespräch liegt in einem von Brecht geschriebenen Manuskript vor. Er verwandte darin gelegentlich Textstellen aus Veröffentlichungen seiner Gesprächspartner.

S. 50 Letzte Etappe: »Ödipus«: Der Beitrag erschien am 17. 2. 1929 im *Berliner Börsen-Courier.*

S. 53 Über Stoffe und Form: zuerst gedruckt am 31. 3. 1929 im *Berliner Börsen-Courier.*

S. 103 Über experimentelles Theater: Vortrag Brechts, den er am 4. 5. 1939 in Stockholm hielt. Der Text wurde im November 1940 überarbeitet.

S. 136 Einige Bemerkungen über mein Fach: Brecht hielt die Rede im Mai 1951 in Leipzig.

S. 140 Eigenarten des Berliner Ensembles: Varianten eines Schreibens an das Zentralkomitee der SED.

S. 143 Episches Theater und *Neuer Inhalt – neue Form:* Die Texte sind den Notaten zu Strittmatters Komödie *Katzgraben* entnommen.

S. 158 Kann die heutige Welt durch Theater wiedergegeben werden? Schriftlicher Diskussionsbeitrag Brechts zum *5. Darmstädter Gespräch 1955: Über das Theater.*

Nachbemerkung des Herausgebers

Die theoretischen Schriften Brechts liegen in einer umfangreichen Zusammenstellung vor. Um nun vor allem den jungen Lesern einen leichteren Zugang zu diesen Arbeiten zu ermöglichen, gibt der Suhrkamp Verlag eine Reihe kleinerer Auswahlbände heraus. Darin sind wichtige Texte zu bestimmten Themenkomplexen gesammelt. Bei der Zusammenstellung wurde darauf geachtet, die Totalität der Schriften weitgehend zu erhalten. So wurden politische und philosophische Texte mit ästhetischen zusammengestellt; es entstanden Komplexe wie Politik und Kunst oder Dialektik und Theater. Darüber hinaus informieren einzelne Bände über enger begrenzte Themen wie zum Beispiel das Thema des Schauspielerberufs.

Der erste Band liefert Texte über experimentelles Theater. Wenngleich man Brechts Bemühungen um ein realistisches Theater prinzipiell als Experiment im großen wie im kleinen auffassen muß, so gibt es doch eine Reihe von theoretischen Texten, die den Versuchscharakter seiner Arbeiten speziell darstellen. Es ist interessant, daß er von Anfang an das Experiment bevorzugt, auch in der Theorie, und daß ein Ende der Versuche nur gewaltsam durch das Ende des Lebens verfügt wurde.

Das Experiment als generelle Arbeitseinstellung macht aber andererseits gerade das Werk Brechts handhabbar: im Geist seiner Versuche weiterarbeitend, kann das realistische Theater immer neue Impulse bekommen. Brecht experimentierte nicht um des Experimentierens willen, um es einfach »nur« einmal anders zu machen, als es schon tausendmal gemacht worden war, sondern um der Sache willen. Er beabsichtigte mit dem Theater einen gesellschaftlichen Eingriff und suchte nun geeignete künstlerische Formen.

Das theatralische Experiment wird so zum Versuch, revolutionäre Veränderungen durch Kunst anzuregen oder zu beschleunigen. Diese Methode ist heute noch so aktuell wie zu der Zeit, als sie Brecht entwickelte. *W. H.*

Inhalt

Gesamtausgabe der Werke Bertolt Brechts im Suhrkamp Verlag

Stücke

Gedichte

Prosa

Schriften zur Literatur und Kunst

Außerhalb der Gesamtausgabe erschienen im Suhrkamp Verlag

Versuche

Arbeitsjournal 1938-1955. 3 Bände

Tagebücher 1920-1922. Autobiographische Aufzeichnungen 1920-1954

Bibliothek Suhrkamp

Bertolt Brechts Hauspostille · Bertolt Brechts Gedichte und Lieder · Schriften
zum Theater · Flüchtlingsgespräche · Geschichten · Turandot · Schriften zur
Politik · Die Bibel · Über Klassiker

edition suhrkamp

Leben des Galilei · Gedichte und Lieder aus Stücken · Aufstieg und Fall der
Stadt Mahagonny · Der kaukasische Kreidekreis · Materialien zu Brechts
›Leben des Galilei‹ · Mutter Courage und ihre Kinder · Materialien zu Brechts
›Mutter Courage und ihre Kinder‹ · Der gute Mensch von Sezuan · Über Lyrik
· Ausgewählte Gedichte · Herr Puntila und sein Knecht Matti · Die heilige
Johanna der Schlachthöfe · Schweyk im zweiten Weltkrieg · Die Antigone des
Sophokles/Materialien zur ›Antigone‹ · Der aufhaltsame Aufstieg des Arturo
Ui · Materialien zu Brechts ›Der kaukasische Kreidekreis‹ · Die Tage der
Commune · Baal. Drei Fassungen · Leben Eduards des Zweiten von England.
Vorlage, Texte und Materialien · Im Dickicht der Städte. Fassungen und
Materialien · Materialien zu ›Der gute Mensch von Sezuan‹ · Baal. Der böse
Baal der asoziale. Texte, Varianten, Materialien · Die Dreigroschenoper · Mann
ist Mann · Materialien zu Bertolt Brechts ›Die Mutter‹ · Der Brotladen. Ein
Stückfragment. Die Bühnenfassung und Texte aus dem Fragment · Kuhle
Wampe. Protokoll des Films und Materialien · Die Gesichte der Simone
Machard · Furcht und Elend des Dritten Reiches · Über Realismus · Über den
Beruf des Schauspielers · Die Maßnahme · Drei Lehrstücke · Gesammelte
Gedichte in 4 Bänden

Bertolt Brechts Dreigroschenoper mit Schallplatte ›Bertolt Brecht singt‹ Theaterar-
beit. Sechs Aufführungen des Berliner Ensembles
Die sieben Todsünden der Kleinbürger

Bertolt Brecht Gesammelte Werke

Werkausgabe in 20 Bänden

Herausgegeben vom Suhrkamp Verlag in Zusammenarbeit mit Elisabeth Hauptmann. Neu durchgesehene und neu geordnete Ausgabe. Leinenkaschiert. Kassette.

Aufbau der Bände:
Bände 1-7 Stücke, Bearbeitungen, Einakter, Fragmente. 8-10 Gedichte. 11-14
Geschichten, Romane, *Me-ti, Tui, Flüchtlingsgespräche.* 15-17 Schriften 1 (zum
Theater). 18-20 Schriften 2 (zur Literatur, Kunst, Politik und Gesellschaft).
Texte für Filme (2 Bände).

Dünndruckausgabe in 8 Bänden

Herausgegeben vom Suhrkamp Verlag in Zusammenarbeit mit Elisabeth Hauptmann. Neu durchgesehene und neu geordnete Ausgabe. Leinen und Leder. Kassette.

Aufbau der Bände:
Bände 1-3 Stücke, Bearbeitungen, Einakter, Fragmente. 4 Gedichte. 5-6 Geschichten, Romane, *Me-ti, Tui, Flüchtlingsgespräche.* 7-8 Schriften (zum Theater, zur Literatur, Kunst, Politik und Gesellschaft). Texte für Filme (2 Bände).

Beide Ausgaben präsentieren das Gesamtwerk Brechts neu und handlich. Alle Texte
wurden neu durchgesehen; die Anmerkungen enthalten werkgeschichtliche Fakten
und die Änderungen gegenüber früheren Ausgaben. Zum ersten Mal werden
veröffentlicht: der *Tui-Roman, Turandot oder Der Kongreß der Weißwäscher,* acht
Fragmente, etwa 250 Seiten Schriften zur Politk und Gesellschaft. Die Texte beider
Ausgaben sind identisch. Die Bände weichen voneinander ab in der Einteilung
sowie im Format, in der Ausstattung und im Preis.

edition suhrkamp

Alphabetisches Verzeichnis der edition suhrkamp